JN013084

Q&A

親族・同族・株主間 資産譲渡の 法務と税務

［四訂版］

税理士法人
［編著］ 山田&パートナーズ

ぎょうせい

はしがき

　近年10年を振り返ってみて，相続もしくは事業承継を取り巻く環境は大きく変わりました。相続税の基礎控除の引き下げ，事業承継税制の拡充，第三者承継の一般化，民事信託の広まり等，税制の改正や新しい手法の活用により選択の幅が増えています。一方で，大胆な節税手法は目立たなくなり，オーソドックスな方法による合法的な節税や相続もしくは事業承継を実行する動きが一般的であるように感じています。

　このように多様性が増した相続や事業承継の対策に際して，親族・同族会社間の資産譲渡の必要性が伴うことが多くあります。同族会社株式の納税猶予制度を受けるために株式保有要件を充足するための株式保有比率の変更，第三者承継（M&A）実行の為の少数株主からの株式集約，民事信託における信託予定財産の共有持ち分の解消など，親族・同族間での資産の譲渡が必要とされるケースが多くあります。未上場株式の時価は，法人税，所得税，相続税の通達に定められていますが，それらが多少異なることから，実務では良く混乱をきたします。また，不動産の譲渡価額の決定に際しては，不動産鑑定士への鑑定評価の依頼が一般的ですが，小規模の不動産の場合には鑑定評価コストが見合わないケースもあり，自身で時価計算をすることがあります。本書には，これらのケースの解決につながる糸口も織り込まれていますので，ご参照下さい。

　法務面においても論点は数々あり，親族間，株主間で争いになれば，その解決の手段や法的手続きなどは大事な知識です。昨今は，取引価額や権利の主張に対して安易に妥協をせず交渉になるケースが増えてきています。法務面の記載内容もご参照いただけましたら幸いです。

　不動産や株式の価値が上昇すると，資産を換金したいとするニーズが高まっ

てきます。不動産の共有持分や未上場株式は換金できない一方で，高額の相続税が課税されることがあります。そこで，できれば親族に買い取ってもらおうとする行動につながります。一昔前は，資産を所有することがステータスであり，また親から受け継ぐ財産を少しでも持っておこうとする価値観が強かったように思います。いまでもその価値観をお持ちの方は多いと思いますが，現預金や換金可能な資産を所有したいという価値観の方も増えてきたように思います。このような価値観の変化も「親族間，同族間，株主間」の売買の動機付けになっているように感じます。

　本書の内容は，実務で現実に起こっている資産譲渡を想定して執筆いたしました。法務及び税務において論点になりがちな項目を抽出して，解説並びにケーススタディによる事例紹介をしています。親族間，同族間，株主間の資産譲渡をお考えの方に役立つ実務の手引書になれば幸いです。本書の執筆に当たりましては，㈱ぎょうせいの担当者様には，原稿校正その他で大変お世話になりました。書面を借りて御礼申し上げます。

令和3年12月

税理士法人　山田＆パートナーズ

執筆代表者　三宅　茂久

第3章　譲渡時の課税関係

第6章　不動産譲渡のケーススタディ

第7章　株式譲渡のケーススタディ

第8章	未上場会社株式の譲渡

＜凡　例＞

　本書では，かっこ内等において，法令・通達名の表記につき，以下のように省略している。

＜法　令＞

所得税法　…所法　　所得税法施行令　…所令　　所得税法施行規則　…所規

法人税法　…法法　　法人税法施行令　…法令　　法人税法施行規則　…法規

相続税法　…相法　　相続税法施行令　…相令　　相続税法施行規則　…相規

消費税法　…消法　　消費税法施行令　…消令　　消費税法施行規則　…消規

租税特別措置法　…措法　　租税特別措置法施行令　…措令

租税特別措置法施行規則　…措規

＜通　達＞

所得税基本通達　…所基通　　　法人税基本通達　…法基通

相続税法基本通達　…相基通　　財産評価基本通達　…評基通

消費税法基本通達　…消基通　　租税特別措置法関係通達　…措通

＜条項番号等の省略方法＞

（例）法人税法施行令第32条第 1 項第 4 号　➡　法令32①四

第1章

事前準備から
引渡し・名義変更
までの手続き

Ⅰ 不　動　産

① 全体のスケジュール

Q1

父の相続の際に，私と弟とで2分の1ずつ相続した不動産があります。共有状態になっていると何かと不都合なので，弟の持分を買い取りたいと思っているのですが，どのような手順で進めればよいのでしょうか？

Point

- 売買条件の話合いに入る前に，所有権や抵当権等の権利関係・課税関係・不動産の価額等を確認する必要がある。

- 基本的には，売買条件の話合いは当事者間で行う。話合いがまとまったら，譲渡の事実を確定させるため契約書を作成し，所有権変更登記等の手続きを行う。なお，譲渡益が生ずる場合には所得税の確定申告が必要である。

Ａ　過去の遺産分割や相続対策の結果，不動産が共有状態になってしまっているケースは，思いのほか多いようです。共有状態の場合，不動産の売却や建替えをしたいと思っても，他の共有者の同意を得なければならないため，思いどおりにならないことも多いものです。すなわち，不動産の利用について制約を受けている状態ですので，可能であれば共有状態は早めに解消しておいた方がよいといえます。

　仲のよい親子間や兄弟間であれば，譲渡の話合いと同時並行で，課税関係や手続き等を確認してもよいでしょう。しかし，同じ親族間といっても，例えば

図表1−1　不動産の譲渡をする場合の一般的なスケジュール

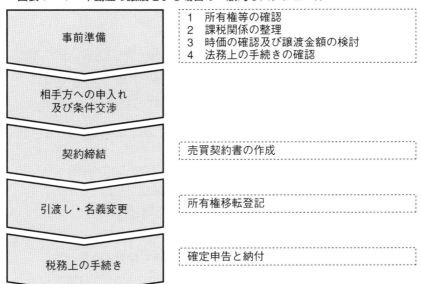

| 事前準備 | 1 所有権等の確認
2 課税関係の整理
3 時価の確認及び譲渡金額の検討
4 法務上の手続きの確認 |

相手方への申入れ
及び条件交渉

契約締結　売買契約書の作成

引渡し・名義変更　所有権移転登記

税務上の手続き　確定申告と納付

　叔父・甥の関係のように少し遠い関係である場合や，親子間や兄弟間であって
も仲がよくないような場合には，話合いに入る前の事前準備として，所有権や
抵当権等の権利関係，課税関係，不動産の価額等を確認しておくことをお勧め
します。

　事前準備が終わったら，売買に関する交渉を行うことになりますが，当事者
間で話し合うのが基本です。相手方との人間関係が難しい場合，弁護士等に交
渉を委ねることもありますが，初めから弁護士をたてると相手方が警戒するこ
とがありますので，まずはご自身で相手方に話を切り出して感触を確かめるの
がよいでしょう。

　話合いの結果，売買条件がまとまったら，譲渡の事実を確定させるため契約
書を作成し，所有権変更登記等の手続きを行います。

　譲渡益が生じた場合には，翌年3月15日までに税務上の手続き（確定申告と
納付）を行う必要があります。

2 所有権等の確認

Q2
購入したい不動産の地積や権利関係を確認したいのですが，どのように確認すればよいですか？

Point

● 不動産の登記事項証明書を見れば，不動産の所在地・地積・所有権・抵当権の設定状況等の重要事項を確認できる。したがって，最新の登記事項証明書は必ず確認すべきである。

● ただし，過去の相続時に相続登記を失念している場合や，借地権を登記していない場合もあるので，注意が必要である。

A 1 登記事項証明書の確認

　不動産を購入する場合，あらかじめ地積や権利関係を確認する必要があります。売買契約を締結した後に「聞いていた情報と違っていた」と慌てても，契約を取り消せなかったり多額の違約金が必要になったりする場合が多いからです。

　不動産について正確な情報を得るためには，登記事項証明書を確認することが大事です。登記事項証明書には，不動産の所在地・地積・床面積・所有権・抵当権の設定状況等，重要事項が記載されています。

　登記事項証明書は，土地であれば地番，建物であれば家屋番号を確認し，登記事項証明書交付請求書に地番や家屋番号等，必要事項を記入して請求します。地番や家屋番号と住所表示は，必ずしも同じではありません。地番や家屋番号を調べるには，固定資産税の納税通知書に同封されている課税明細書か，登記済権利証や登記識別情報通知を確認してください。

　なお，過去の相続時に相続登記を失念している場合もありますし，設定されている借地権を登記していない場合もあります。したがって，登記事項証明書だけに頼るのではなく，不動産の所有者から状況をよく聞き，できるだけ現地を確認することが大事です。

3 課税関係の整理

Q3
不動産を譲渡した場合，売主はどのように課税されますか？

Point

- 個人が不動産を譲渡した場合，譲渡益に対して所得税及び住民税が課税される。その際，他の所得とは合算せず，分離して課税される。所得税と住民税を合わせた税率は，長期保有資産を譲渡した場合が20.315%，短期保有資産を譲渡した場合が39.63%である。
- 法人が不動産を譲渡した場合，不動産の譲渡損益は他の所得と合算され，法人税等が課税される。
- 消費税の納税義務がある個人が事業用建物を売却した場合や，法人が建物を売却した場合，建物の譲渡価額は消費税の課税売上を構成する。

A 1 個人が不動産を譲渡した場合

個人が不動産を譲渡した場合，譲渡益に対して所得税及び住民税が課税されます（**Q17**〜**Q24**参照）。

⑴ 譲渡所得の金額

譲渡所得の金額は，譲渡対価である総収入金額から，取得費及び譲渡費用を控除して算出します。その際特別控除の適用があるものについては，特別控除の金額を控除します。

同じ年に長期保有資産と短期保有資産の両方を譲渡した場合には，別々に譲渡所得の計算をします。不動産の場合，長期保有か短期保有かの判定は，譲渡した年の1月1日における所有期間で行います。

① 所有期間が5年を超えるもの……長期保有資産

② 所有期間が5年以下のもの……短期保有資産

(2) 税　率

　不動産の譲渡による所得は他の所得と合算せず，分離して課税されます。不動産の譲渡所得に対する税額の計算方法は次のとおりです。

① 長期譲渡所得（長期保有資産の譲渡）

　譲渡所得金額×20.315%（所得税15.315%＋住民税5%）

② 短期譲渡所得（短期保有資産の譲渡）

　譲渡所得金額×39.63%（所得税30.63%＋住民税9%）

　(注)　所得税率は復興特別税を含めて記載しています。次頁以降同じです。

2　法人が不動産を譲渡した場合

　法人が不動産を譲渡した場合，不動産の譲渡損益は他の所得と合算され，法人税等が課税されます。詳しくは**Q25**，**Q26**をご参照ください。

3　消　費　税

　消費税の納税義務のある個人が事業用建物を売却した場合や，法人が建物を売却した場合，建物の譲渡価額は消費税の課税売上を構成します。

　例えば，不動産貸付業を営む個人で消費税の納税義務のある人が，賃貸マンションを5,000万円（内訳：建物2,000万円，土地3,000万円）で譲渡した場合，建物の譲渡価額2,000万円は消費税の課税売上に含まれます。これに対し，土地の譲渡は非課税であるため，土地の譲渡価額3,000万円は消費税の非課税売上になります。

　法人が所有していた建物を売却した場合は，用途にかかわらず必ず消費税の課税売上になりますが，個人の場合は，売却した建物の用途によって課税売上になるケースとならないケースがあります。個人の場合，消費税の課税売上になるのは，建物のうち事業の用に供していたものを譲渡した場合だけです。したがって，自宅や別荘など事業に関係ない建物を譲渡した場合は，消費税の課税売上にはなりません。

4 譲渡価額の決め方

Q4
親族間での土地建物の譲渡価額を決める際，注意すべきことがあれば教えてください。

Point

- 個人間での売買の場合，通常の取引価額（以下「時価」という）よりも著しく低い価額で売買した場合，売主から買主に対して，時価と譲渡価額の差額に相当する金額の贈与があったものとみなされる。
- 個人から法人に対して時価の2分の1未満の価額で資産を譲渡した場合，時価により譲渡したものとみなされる。
- 法人間での売買の場合，時価と売買価額の差額は受贈益や寄附金として課税される。
- したがって，譲渡価額を決める際には，不動産の時価を確認する必要があるが，税法上，不動産の時価の算出方法についての具体的な定めはない。譲渡価額を決める際には，次のような評価額を参考に，総合的に検討する必要がある。
  ① 不動産鑑定評価額　② 近隣の売買実例価額
  ③ 地価公示価格　④ 相続税評価額

A 1 譲渡価額と時価にかい離がある場合の課税関係

(1) 個人間の譲渡

個人間で不動産を売買する場合の対価が，その不動産の通常の取引価額と比べて著しく低い場合には，売主から買主に，対価の額と不動産の時価との差額に相当する金額の贈与があったものとみなします。すなわち，買主に対して贈与税が課税されます（相法7）。例えば，時価5,000万円の不動産を兄弟から

2,000万円で譲渡をした場合，買主は3,000万円の贈与を受けたことになり，1,195万円の贈与税がかかります。

（3,000万円－110万円）×50％－250万円＝1,195万円

なお，対価の額が時価の2分の1未満である場合，売主の譲渡所得の計算上譲渡損が生じたとしても，その譲渡損はなかったものとされます。

(2) 個人から法人に対する譲渡

個人が法人に対し，時価の2分の1未満の対価で資産を譲渡した場合，売主の譲渡所得の計算は，時価により資産を譲渡したものとみなして行います。例えば，個人から法人に対して，取得価額2,000万円・時価5,000万円の不動産（所有期間5年超）を2,000万円で譲渡した場合，取得価額と譲渡価額が同額であるにもかかわらず，所得税等が課税されることになります。

＜計算例＞

収入金額（＝時価）5,000万円－取得価額2,000万円＝3,000万円

譲渡所得3,000万円×税率20.315％＝所得税等609万円

(3) 法人間の譲渡

法人間での売買の場合，時価と売買価額の差額については受贈益や寄附金として課税されます。

2 不動産の時価の算定方法

譲渡価額と時価に差がある場合，上記のような思いがけない課税を受ける場合があるため，譲渡価額の決定に先立って不動産の時価を確認する必要があります。

不動産の時価は立地・権利関係・周辺環境等さまざまな要因により大きく変動するため，算定方法を画一的に定めるよりも，実態に合わせて時価を算定する方が合理的といえます。このため，税法上は，不動産の時価の算出方法についての具体的な定めは設けられていません。

したがって，不動産の譲渡価額を決める際には，下記の評価額等を参考に総合的に検討する必要があります。詳しくは**Q36**，**Q37**をご参照ください。

① 不動産鑑定評価額　② 近隣の売買実例価額

③ 地価公示価格　　　④ 相続税評価額

5 移転コスト

Q5

不動産を購入する際，売買代金の他に支払わなければならないもの（移転コスト）には，どのようなものがありますか？

Point

- 必ずかかるコストは，売買契約書に係る印紙税，所有権移転登記費用，不動産取得税である。
- 売買代金の資金調達を借入れにより行う場合には，抵当権設定登記費用がかかる。
- 土地の一部のみを取得する場合には測量及び分筆を行う必要があるため，測量代や分筆登記費用がかかる。

A 1 印 紙 税

売買契約書には，印紙税を貼付する必要があります。印紙税の金額は，譲渡契約書の記載金額によって変わります（**Q27**図表3－15）。

2 所有権移転登記費用

不動産を売買した場合，売買の事実を第三者に対抗するために所有権移転登記を行います。所有権移転登記をする際には登録免許税がかかりますが，登録免許税の金額は，固定資産税評価額×税率で計算します。税率は**Q27**を参照してください。

なお，所有権移転登記申請は誰でも行えますが，専門家に代行してもらう場合，一般的には司法書士に依頼をします。司法書士に依頼する場合には，その司法書士への手数料がかかります。

3 抵当権設定費用

金融機関からの借入れにより売買代金の資金調達を行う場合，抵当権設定登記が必要になります。抵当権設定登記の際には登録免許税がかかります。

＜抵当権の設定登記を行う登録免許税の計算式＞

債権金額×税率0.4％

（注） 令和4年3月31日までに個人が住宅用家屋を売買し，自己の居住の用に供した場合の税率は0.1％

4 土地の分筆費用

土地の一部のみを譲渡する場合には，譲渡に先立って土地を分筆しなければなりません。土地を分筆するには，土地家屋調査士に測量及び登記申請を依頼します。分筆登記に先立って隣地所有者との境界確定をする必要があるため，測量を依頼してから分筆登記が完了するまで数か月かかることもあります。

分筆のために必要なコストは，土地家屋調査士に対する手数料と登録免許税です。分筆に伴う登録免許税は，面積や地目にかかわらず一律，分筆後の筆数×1,000円となっています。

5 不動産取得税

不動産の譲渡を行うと，取得者に不動産取得税が課税されます。移転コストの大半は売買契約と同時期に支払う必要がありますが，不動産取得税は，所有権移転登記後数か月経ってから納付書が送付され，納付書により納付します。

＜不動産取得税の計算式＞

取得した不動産の価格（＝固定資産税評価額）×税率

不動産取得税の税率は4％が原則ですが，土地及び住宅用建物については，令和6年3月31日まで3％とされています。また，宅地の課税標準は不動産の価格の2分の1とされます。

6 売買契約書の作成，不動産の引渡し 及び名義変更

Q6

叔父から土地を購入することになったので，売買契約書を作成しようと思います。契約書作成から名義変更までの流れを教えてください。

Point

- 不動産を譲渡する場合には，売買契約書を書面で取り交わす。
- 売買の事実を第三者に対抗するため，所有権移転登記を行う。通常は，売買代金の決済と同時に所有権移転登記申請をする。
- 土地の場合，所有権移転登記の申請をもって引渡しが終わったものとする。建物の場合には鍵の引渡しを行う。

A 1 売買契約書の作成

契約は当事者間の合意があれば成立しますので，口約束も契約といえます。とはいえ，口約束では後々トラブルになる可能性があるため，必ず売買契約書を書面で取り交わします。12頁の契約書は，最低限載せるべき事項を記載した土地の売買契約書です。売買契約に関する注意事項については，第2章（**Q14**〜**Q16**）をご参照ください。

2 名義変更及び引渡し

当事者間では，売買契約書さえあれば不動産の売買の事実を証明できますが，第三者には売買があったかどうかが分かりません。このため，売買があったことを第三者に示す（対抗する）ための手続きが必要となります。それが所有権移転登記です。通常は，売買代金の決済と同時に所有権移転登記の申請を行います。

土地の場合，所有権移転登記の申請をもって引渡しが終わったものとします。建物の場合，所有権移転登記申請と同時に鍵の引渡しを行うのが一般的です。

（契約書文例）

売買契約書

第1条（売買の成立）

　　甲野太郎（以下「甲」という）は，乙山次郎（以下「乙」という）に対し，下記土地（以下「本件土地」という）を売り渡すこととし，乙はこれを買い受ける。

記

　　　　　所在：東京都○○市△△

　　　　　地番：○番

　　　　　地目：宅地

　　　　　地積：□□平方メートル

第2条（売買代金，所有権移転登記及び所有権の移転）

　　乙は，甲に対して，令和○年○月○日までに本件土地の売買代金として金○○円を，別途甲が指定する銀行口座に振り込み支払うものとする。

2　甲は，前項の乙の売買代金支払いと引換えに本件土地の所有権移転登記申請を行うものとする。

3　本件土地の所有権は，前項の所有権移転登記申請のときに甲から乙に移転する。

　　上記のとおり売買契約が成立したことの証として，本契約書2通を作成し，甲乙が署名押印のうえ，各1通を保有する。

令和○年○月○日

　　　　　　　　売主（甲）

　　　　　　　　　住所

　　　　　　　　　氏名

　　　　　　　　買主（乙）

　　　　　　　　　住所

　　　　　　　　　氏名

Ⅱ 非上場株式

1 全体のスケジュール

Q7

私が経営している会社の株式は，過去に行った相続対策により複数の親族に分散しています。経営安定のためには，経営にタッチしていない親族から株式を購入すべきだと考えているのですが，どのような手順で売買の交渉を進めればよいでしょうか？

Point

● 売買条件の話合いに入る前に，株主構成・課税関係・株式の評価額等を確認する必要がある。非上場会社の株式の評価方法は株主構成により異なるため，株主構成の確認は重要である。

● 基本的には，売買条件の話合いは当事者間で行う。話合いがまとまったら，譲渡の事実を確定させるため，契約書の作成・株主名簿の名義書換請求等の手続きを行う。なお，譲渡益が生ずる場合には，所得税の確定申告が必要である。

A 過去の遺産分割や相続対策の結果，経営に携わっていない株主に株式が分散してしまっている会社も多いようですが，非上場株式の場合，経営者が会社の支配権を握っていないと，経営が不安定になる恐れがあります。経営者（及び経営者の家族）がどの程度の議決権を確保しておけばよいのかについては様々な考え方がありますが，普通決議に必要な2分の1超から特別決議に必要な3分の2が目安になります。経営者が支配権を握れていない場合には，経営の安定を図るために，早めに株式を集約することをお勧めします。

　非上場株式については，時価の算定方法は複雑です。単純に発行価額で譲渡するケースもあるようですが，買主が譲渡価額と時価との差額に対して多額の

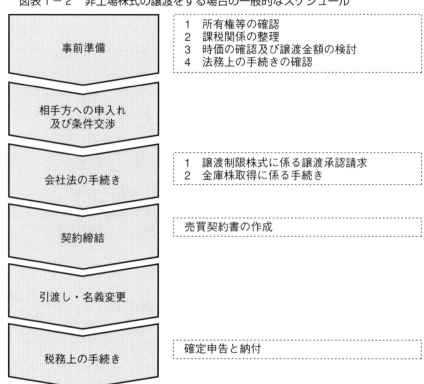

図表1－2　非上場株式の譲渡をする場合の一般的なスケジュール

事前準備	1　所有権等の確認 2　課税関係の整理 3　時価の確認及び譲渡金額の検討 4　法務上の手続きの確認
相手方への申入れ及び条件交渉	
会社法の手続き	1　譲渡制限株式に係る譲渡承認請求 2　金庫株取得に係る手続き
契約締結	売買契約書の作成
引渡し・名義変更	
税務上の手続き	確定申告と納付

贈与税の課税を受けることがあります。したがって，できれば買取り交渉をする前に時価の算定をし，課税関係についても確認しておきましょう。

　事前準備が終わったら相手方に申入れし，条件交渉を行いますが，当事者間で話し合うのが基本です。相手方との人間関係が難しい場合，弁護士等に交渉を委ねることもありますが，相手方が警戒するのを避けるため，まずはご本人から話を切り出して感触を確かめるのがよいでしょう。

　話合いの結果，売買条件がまとまったら，譲渡の事実を確定させるため契約書を作成し，会社に対して名義書換請求を行います。なお，非上場会社の多くは，株式の譲渡に先立って発行会社の承認を受ける必要がある旨を定款に定めています。また，株式を発行会社に買い取ってもらう場合（いわゆる「金庫株取得」）も，会社法に定められた手続きが必要になります（**Q 9**参照）。

　最後に，税務上の手続き（確定申告及び納付）を行います（図表1－2）。

2 所有権等の確認

Q8

株式の購入を考えている会社の株主構成を確認したいのですが，どのように確認すればよいのでしょうか？　株主構成以外に確認しておいた方がよいことがあれば，あわせて教えてください。

Point

- 発行法人の株主名簿により所有者と所有株数を確認する。株主名簿の閲覧請求は，株主であれば保有株数にかかわらず誰でも行うことができる。
- 発行法人が譲渡制限会社である場合，取締役会（又は株主総会）の承認が必要である。このため，あらかじめ法人の登記事項証明書を取り寄せ，譲渡制限会社であるかどうかを確認した方がよい。

A　1　株主名簿の確認

　株式の評価額は，その株主（及び一定の親族）が会社の議決権株式をどの程度保有しているのかによって異なります。また，経営の安定を図る目的で一定数の株式を買い集めたいという場合，誰から譲ってもらうのがよいかを判断するためにも株主構成の確認は欠かせません。このため，譲渡を検討している場合には，早い段階で株主名簿を確認することをお勧めします。

　株主名簿の閲覧請求は，株主であれば保有株数にかかわらず誰でも行うことができます。

　ちなみに，株券不発行会社の場合には，株主であっても株券を保有していませんから，本当に株主であるかの確認をするには株主名簿の記載で判断するしかありません。

2　法人登記事項証明書の確認

　譲渡しようとしている株式が譲渡制限株式である場合には，譲渡に先立って，株式の譲渡を行うことについて発行会社の承認を受けなければなりません。その際，発行会社は，経営上の判断等により承認しない旨の決定をすることが可能です。発行会社の承認が得られない場合，株主が希望すれば，発行法人か発行法人が指定する買受人が株式を購入することになります。

　このように，譲渡制限株式である場合，株式を譲渡したいと思っても思いどおりにならないことがあります。したがって，あらかじめ譲渡制限株式であるか否かを確認する必要があります。譲渡制限株式である場合には，法人登記事項証明書にその旨の記載があります。

3 譲渡制限株式及び金庫株譲渡の場合の手続き

Q9

譲渡制限株式を譲渡する場合や発行会社に株式を譲渡する場合には，会社法に定められた手続きが必要だそうですが，どのような手続きが必要ですか？

Point

● 譲渡制限株式の場合，株式の譲渡に先立ち，発行会社から承認を受けるための手続きが必要である。

● 発行会社に株式を譲渡（すなわち，金庫株譲渡）する場合，株主総会の開催等，会社法に定められた手続きが必要である。

A 1 譲渡制限株式を譲渡する場合の手続き

株式を譲渡する場合に発行会社の承認が必要である旨の定めがある株式を「譲渡制限株式」といいます。株式の譲渡制限は，会社にとっての好ましくない株主を排除するための制度といえます。

譲渡制限株式を譲渡する場合には，譲渡に先立って，株式の譲渡を行うことについて発行法人の承認を受けなければなりません。

(1) 株主から発行会社への譲渡承認請求

自分が保有している譲渡制限株式を譲渡する場合には，あらかじめ発行会社に譲渡承認請求をします。発行会社の承諾がなくても当事者間では株式の譲渡は有効とされますが，発行会社の承認がないと発行会社側は譲渡がないものとして扱うため，譲受人は議決権の行使や配当金の受取りができません。

発行会社に譲渡請求をする場合，次の事項を明らかにする必要がありますので，譲渡承認請求は書面で行うのが一般的です。

① 譲り受ける人の氏名又は名称

② 発行会社が承認しない旨の決定をする場合に，発行会社又は発行会社が指定する買取人に対する買取請求（以下「買取請求」といいます）をするか否か

(2) 譲渡承認請求があった場合の発行会社の対応

　株主から譲渡承認請求があった場合には，発行会社は取締役会（又は株主総会）を開催して承認するかどうかを決定し，請求人に対し譲渡請求から2週間以内に結果を通知しなければなりません。なお，発行会社が譲渡承認請求から2週間以内に，承認するかどうかの決定を請求人に通知しない場合には，譲渡を承認したものとみなされます。

　発行会社が譲渡を承認しない場合，請求人が買取請求を希望するときは，発行会社が金庫株として買い取るか，発行会社が買取人を指定し，その買取人に株式を買い取ってもらうことになります。なお，この場合，発行会社が金庫株として買い取るとしても，下記2(2)の株主全員への事前通知は不要です。

2　発行会社に株式を譲渡する場合の手続き

　発行会社に株式を譲渡する場合（いわゆる「金庫株」譲渡を行う場合）には，株主総会の開催等，会社法に定められた手続きが必要となります。手続きは，次の順に行います。

(1) 発行会社に対する申入れ

　発行会社に株式を買い取ってもらいたい株主は，その旨を会社に申し入れ，会社法に定められた手続きをするよう依頼する必要があります。発行会社が，株主からの申入れを受け入れ，金庫株取得することを決めた場合，発行会社は(2)～(5)の手続きを行います。

(2) 事 前 通 知

　発行会社は，特定の者からの株式取得を株主総会で決議する旨を，原則として株主総会の2週間前に，株主全員に対して告知しなければなりません。通知を受けた株主のうち「特定の者」に入れてほしい者は，原則として株主総会の5日前までに会社に請求しなければなりません。

⑶　**株主総会での決議**

　発行会社が株主の一部から金庫株取得をしようとする場合，発行会社はあらかじめ金庫株取得の大枠を決めておかなければなりません。具体的には，株主総会で次の事項を特別決議します。株主総会は定時株主総会と臨時株主総会のいずれでも構いません。なお，この決議をする際，下記④の「特定の者」は決議に参加することができません。

①　取得する株式の数（種類株式発行会社にあっては，株式の種類及び数）

②　交付する金銭等の内容及び総額

③　株式を取得することができる期間

④　特定の者に対して買取りの告知をする旨

⑷　**取締役会での決議**

　⑶の決議に基づいて，実際に発行会社が金庫株取得を行う場合，あらかじめ取締役会を開催し，次の事項を決定します。

①　取得する株式の数（種類株式発行会社にあっては，株式の種類及び数）

②　1株当たりの交付金銭等の内容，金額又は算定方法

③　交付する金銭等の総額

④　株式の譲渡の申込期日

⑸　**特定の者への告知及び特定の者からの申込み**

　発行会社が取締役会で金庫株取得を決めた場合には，「特定の者」である株主に取締役会の決定事項を通知します。通知を受けた株主が金庫株取得を希望する場合には，申込期日までに申込みをします。

4 課税関係の整理

Q10

　非上場株式を譲渡した場合，売主にはどのように課税されますか？　移転コストを含めて，概要を教えてください。

Point

- 個人が非上場株式を譲渡した場合，譲渡益に対し20.315％（所得税15.315％，住民税5％）の税率により課税される。
- 法人が非上場株式を譲渡した場合，株式の譲渡損益は他の所得と合算され，法人税等が課税されるのが原則である。
- 買主がその株式の発行法人である場合には，株式の売却価額のうち発行会社の資本金等の額に対応する部分は「資本の払戻し」，資本金等の額を超える部分は「みなし配当」として課税される。
- 法人が非上場株式を売却した場合，非上場株式の譲渡価額は消費税の課税売上割合の計算上，総売上高に合算する。

A 1 個人が譲渡した場合

　個人が非上場株式を譲渡した場合，譲渡益に対して所得税及び住民税が課税されます（**Q30**〜**Q34**参照）。

(1) 譲渡所得の金額

　譲渡所得の金額は，譲渡対価である総収入金額から，取得費及び譲渡費用を控除して算出します。

(2) 税　　率

　非上場株式の譲渡による所得は，他の所得と合算せず，分離して課税されます。税額の計算方法は次のとおりです。

譲渡所得金額×20.315％（所得税15.315％＋住民税 5 ％）

2　法人が譲渡した場合

　法人が非上場株式を譲渡した場合，譲渡損益は他の所得と合算され，法人税等が課税されます。

3　買主が発行法人である場合

　買主がその株式の発行法人である場合，株式の売却価額のうち発行会社の資本金等の額に対応する部分は「資本の払戻し」，資本金等の額を超える部分は「みなし配当」又は「株式の譲渡益」として課税されます（**Q34**参照）。

　ただし，売主が法人であり，グループ法人税制が適用される場合には，株式の譲渡対価の額と譲渡原価の額が同額とされ，譲渡損益は計上しません（**Q35**参照）。

4　消　費　税

　消費税の納税額を計算する場合に重要な数値の一つが，課税売上割合です。課税売上割合は，次のように計算します。

$$課税売上割合 = \frac{課税期間中の課税売上高（税抜）}{課税期間中の総売上高（税抜）}$$

　法人が非上場株式を売却した場合，課税売上割合の計算上，非上場株式の譲渡価額の 5 ％相当額を総売上高（すなわち上記算式の分母）に合算します。

5 資産評価

Q11

非上場株式は発行価額で売買すればよいと考えていたのですが，税務上の時価と取引価額にかい離がある場合には，贈与税が課税されることがあると聞きました。親族間での非上場株式の譲渡価額を決める際，注意すべきことがあれば教えてください。

Point

- 個人株主間での売買の場合，通常の取引価額（時価）よりも著しく低い価額で売買すると，売主から買主に対して，時価と譲渡価額の差額に相当する金額の贈与があったものとみなされる。

- 個人株主から法人に対して時価の2分の1未満の価額で資産を譲渡した場合，時価により譲渡したものとみなして譲渡所得の計算をする。

- 個人株主が発行法人に著しく低い価額の対価で株式を譲渡した場合，株式を譲渡していない他の株主に贈与税が課税されることがある。

- したがって，譲渡価額の決定に先立って，非上場株式の時価を確認する必要がある。非上場株式の時価は次のとおりである。

  ① 個人間で売買する場合の時価……相続税評価額

  ② 譲渡人と譲受人の一方又は両方が法人である場合の時価
  ……法人税法上の時価（又は所得税法上の時価）

A 1 譲渡価額と時価にかい離がある場合の課税関係

(1) 個人間で譲渡した場合

個人間で非上場株式を売買する場合の対価が，その株式の通常の取引価額

（以下「時価」といいます）と比べて著しく低い場合には，売主から買主に，対価の額と株式の時価との差額に相当する金額が贈与されたものとみなされます。すなわち，買主に対して贈与税が課税されます（相法7）。例えば，時価5,000万円の株式を2,000万円で譲渡をした場合，買主は3,000万円の贈与を受けたことになるため，1,195万円の贈与税がかかります（20歳以上の者が直系尊属から贈与を受けた場合，1,035.5万円）。

　なお，対価の額が時価の2分の1未満である場合，売主の譲渡所得の計算上譲渡損が生じたとしても，その譲渡損はなかったものとされます。

(2)　**個人株主から法人に譲渡した場合**

①　**譲渡した株主の課税関係**

　個人が法人に対し，時価の2分の1未満の対価で資産を譲渡した場合，売主の譲渡所得の計算は，時価により資産を譲渡したものとみなして行います。例えば，取得価額2,000万円・時価5,000万円の株式を，個人から法人に対して2,000万円で譲渡した場合，譲渡所得に対する税額は次のようになります。

　　㈑　譲渡所得

　　　収入金額5,000万円（＝時価）－取得価額2,000万円＝3,000万円

　　㈠　所得税・住民税

　　　譲渡所得3,000万円×税率20.315％＝609万円

②　**譲渡しなかった他の株主の課税関係**

　個人株主が発行会社に著しく低い価額の対価で株式を譲渡した場合，株式を譲渡していない株主に贈与税が課税されることがあります（**Q54**参照）。

2　非上場株式の時価の算定方法

　譲渡価額と時価に差がある場合，上記のような課税を受けることがあるため，譲渡価額の決定に先立って非上場株式の時価を確認する必要があります。

　税務上基準となる非上場株式の時価は，個人間売買であるか，譲渡人と譲受人の一方又は両方が法人であるかによって異なります（**Q38**〜**Q43**参照）。

①　個人間で売買する場合の時価……相続税評価額

②　譲渡人と譲受人の一方又は両方が法人である場合の時価……法人税法上の時価（又は所得税法上の時価）

6 先方への申入れと取引条件の協議

Q12

課税関係や株価の確認ができたので，株式の買取り交渉を始めようと思います。注意すべきことがあれば，教えてください。

Point

- 相手方から質問されそうな事項は，あらかじめ調べてまとめておくと，話合いがスムーズに進む。
- 専門的な内容についてうまく説明できそうにない場合，税理士・弁護士・司法書士等，専門家のサポートを受けることを検討すべき。
- 相続発生後は，株式の譲渡を検討することが多いので，売却してほしい株主に相続が発生したときは，申入れしてみるとよい。

A 1 事前準備は念入りに

　先方へ申入れをする前に，対象となる株式の株価，課税関係，譲渡手続き等をよく調べておきましょう。

　特に課税関係は，譲渡する側も譲り受ける側も非常に関心が高い事項です。課税関係によって売主の手取金額が大きく変わることがあり，ひいては譲渡価額に影響するケースもあります。したがって，事前に課税関係を確認し，内容を整理した資料を用意しておくとよいでしょう。

2 必要に応じて専門家にサポートを依頼

　譲渡をする場合の課税関係や譲渡手続きについては，専門的な知識がないと説明が難しい場合があります。このような場合には，先方への申入れ時に税理士・弁護士・司法書士等，専門家に同席してもらい，代わりに説明してもらう

ことにより，話合いがスムーズに進むことがあります。

　そのほか，専門家の助けが必要な場面としては，次のようなものが考えられます。

① 事前準備

② 相手方への説明補助

③ 売買契約書等，書類の作成

④ 譲渡制限株式に係る譲渡承認請求

⑤ 譲渡所得の確定申告

　非上場株式については取引相場がありませんので，専門知識がないと時価の算定は難しいと思われます。発行価額で売買すれば問題ないだろうと安易に考えて譲渡をした結果，多額の贈与税を課税される場合もあります。思わぬ課税を受けないためには，あらかじめ専門家へ株価算定を依頼されることをお勧めします。

3　相続発生後は売買交渉のチャンス

　非上場株式は流動性が低い割に評価額が高く，非上場株式を保有しているために多額の相続税がかかることがあります。このため，相続税の納税資金を確保するために，非上場株式を譲渡することも多いようです。

　納税資金の心配がないケースでも，相続発生後に「相続した株式をそのまま持ち続けるのがよいか。それとも現金化した方がよいか」を考え直す方も少なくありません。したがって，売却してほしい株主に相続が発生したときは，売却する気があるかどうか，打診してみることをお勧めします。

7 売買契約書の作成，引渡し及び名義変更

Q13

叔母が保有している甲社株式を購入することになりましたので，売買契約から名義買換えまでの流れについて教えてください。甲社が株券を発行しているかどうかによって手続きは変わりますか。

Point

- 株式を譲渡する場合，売買契約書を取り交わすべき。
- 株券を発行している場合には，売買代金の決済と同時に株券の引渡しを行う。株券不発行の場合には，売買代金の決済と同時に，譲渡人が株主届出印を押印した名義書換請求書を譲受人に交付するのがよい。譲受人は，受領した名義書換請求書に記名押印して会社に提出し，速やかに名義書換請求を行う。

A 1 売買契約書の作成

契約は当事者間の同意があれば成立しますので，口約束でも契約といえます。とはいえ，口約束では後々トラブルになる可能性があるため，必ず売買契約書を取り交わしましょう。売買契約書に載せる事項は，売買契約の内容や当事者の関係によって様々です。28頁の契約書は，最低限載せるべき事項を記載した売買契約書です。売買契約に関する注意事項については，第2章（**Q14**～**Q16**）をご参照ください。

2 株式名義書換申請

株式の譲渡契約をしても名義書換えを行わなければ，発行会社に対して株式譲渡の効力を対抗することができず，配当金の受取りや議決権の行使ができま

せん。このため，株式の譲渡を行った場合，必ず株式名義書換申請を行います。

　名義書換請求の手続きは，株券発行会社であるか株券不発行会社であるかによって異なります。株券発行会社である場合には，その旨が登記事項証明書に記載されています。反対に，登記事項証明書にその旨の記載がなければ株券不発行会社です。

　株券発行会社の場合には，株券の提示を行うことにより，株式の取得者（買主）が単独で名義書換請求することができます。

　これに対し，株式不発行会社の場合には，株主名簿に記載されている株主（売主）と株式取得者（買主）が共同して名義書換請求します。

　具体的には，まず売買代金の決済と同時に，譲渡人が株主届出印を押印した名義書換請求書を譲受人に交付するのがよいでしょう。その後，譲受人は，受領した名義書換請求書に記名押印して会社に提出し，速やかに名義書換請求を行います。

3　引　渡　し

　株券発行会社の場合，名義書換請求をする際に株券の提示を行う必要があるため，売買契約の締結と同時に株券の引渡しを行います。株券発行会社であっても，実際には株券を発行していない場合もありますが，その場合には譲渡に先立って株券を発行してもらい，買主に交付します。株券の交付がなければ譲渡の効力が生じませんので注意が必要です。

　株券不発行会社の場合には，引渡しすべきものがありませんので，名義買換申請をすれば，譲渡に関する手続きは完了します。

（契約書文例）

株式譲渡契約書

第1条（売買の成立）

　　甲野太郎（以下「甲」という）は乙山次郎（以下「乙」という）に対し，甲が所有する株式会社○○（以下「丙」という）普通株式○○株（以下「本株式」という）を金○○○円（1株当たり金○○円）で売り渡すこととし，乙はこれを買い受ける。

第2条（譲渡承認）

　　本株式には，丙の定款による譲渡制限があるため，甲は令和○年○月○日までに，本件譲渡につき，丙の承認を得るものとする。

2　本契約は，前項に定める丙の承認を得ることを条件とする。

3　甲は，丙の承認と同時に甲は乙と共同して，丙に対し甲から乙への株主名簿の書換えを行うよう請求する。

第3条（売買代金及び所有権の移転）

　　乙は，甲に対して，丙の株主名簿書換え完了と同時に，別途甲が指定する銀行口座に代金全額を振り込み支払うものとする。

2　丙の株主名簿書換日を株式譲渡日とする。

　　上記のとおり売買契約が成立したことの証として，本契約書2通を作成し，甲乙が署名押印のうえ，各1通を保有する。

令和○年○月○日

　　　　　　　売主（甲）
　　　　　　　　住所
　　　　　　　　氏名

　　　　　　　買主（乙）
　　　　　　　　住所
　　　　　　　　氏名

第2章

売買契約
の留意点

1 売買契約書の意義

Q14

売買契約が成立するためには売買契約書を作成する必要がありますか？　売買契約書を作成する意義を教えてください。

Point

- 売買契約書は，売買契約が成立したことの証拠として利用するために作成する。

A　1　売買契約の成立のために必要なこと

　民法は，売買について「当事者の一方がある財産権を相手方に移転することを約し，相手方がこれに対してその代金を支払うことを約することによって，その効力を生ずる」（民法555）と定めています。これは，当事者の一方が，相手方に対して，財産権を相手方に移転するという意思を表示し，相手方が，それに対して代金を支払うという意思を表示すれば，それだけで売買が成立するということです。つまり，売買契約が成立するためには，売買契約書を作成する必要はありません。

2　売買契約書を作成する意義

　売買契約が成立するために売買契約書の作成は必要ではないにもかかわらず，通常は売買契約書を作成します。それはなぜなのでしょうか。その理由は，一言でいえば，将来，売買契約が成立したことを当事者や第三者に対して説明する必要が生じたときのために，売買契約が成立したことの証拠を残しておくということに尽きます。

　では，売買契約が成立したことを当事者や第三者に対して説明する必要が生じる具体的場面にはどのようなものがあるでしょうか。

(1) 不動産の所有権移転登記の申請を行う場合

　売買契約の目的物が不動産の場合，売買契約を締結した後に法務局に所有権移転登記の申請をする際に，登記原因証明情報として売買契約書を提出する場合があります。不動産の登記を動かすためには，法務局で申請するだけでは足りず，所有権が移転したことの証拠を提出する必要があり，その際に売買契約書を用いることができるのです。

(2) 相手方に契約内容の履行を求める場合

　売買契約を締結した当事者間においても，後になって，買主が「そんな契約は知らない。代金は支払わない」といったり，売主が「売った覚えはない。売買契約の目的物は私のものだ」といったりすることにより売買契約の存在について争いが生じることがあります。そんなとき，当事者間の交渉で話がまとまればよいのですが，そうでなければ，最終的には裁判所に訴えを起こすことになります。

　裁判において，売買契約があったことを裁判官に認めてもらうためには，売買契約を締結したことを示す証拠を提出する必要がありますが，その証拠として，当事者の署名・押印がある売買契約書は最適なのです。

2 売買契約書において留意すべき点

Q15

売買契約書において，注意すべきポイントについて，教えてください。

Point

● 契約書を使いこなすには，各条項の内容の十分な理解が必要である。

● 一度合意した契約書上の条項について，後からそれを知らなかったと争うのは難しい。

A 1 契約書条項を理解することの重要性

売買契約書の条項は，原則として，当事者が自由に決めることができます。条項の内容は，取引についての具体的な取決めになりますから，内容を十分にチェックする必要があります。一度当事者間で合意した条項について後からその条項を知らなかったと争うことは難しく，十分に事前チェックをしなかった条項により，後から不利な状況に陥ることは実務上よく見られます。条項の内容をよく理解し，不利な条項がないか，契約を締結する前にチェックすることは重要です。

以下では，売買契約書に見られる代表的な条項を挙げて，その内容を解説すると共に，留意すべき点に触れていきます。

2 手付条項

売買契約を締結するに当たり，買主が売主に対して，代金の支払いの前に一定額の金銭を交付することはよくあることです。名称は様々ですが，通常これらは民法上「手付」に当たり，手付について定めた条項が「手付条項」です。その内容は「当事者の一方が契約の履行を始めるまでは，買主は自らが交付し

た手付を放棄することによって，売主は受け取った手付の倍額を買主に渡すことによって契約の解除をすることができる」という制度として定められることがほとんどです。ここで，「当事者の一方」とは，解除される側のみを指します。

　注意が必要なのは，当事者の一方が契約の履行を始めてしまってからは，手付の倍額を渡したり手付を放棄したりしても契約を解除できないという点です。売買契約が成立したことを前提に，契約上の義務の履行に着手した相手方に不測の損害が発生することを防止するためにこのようなルールが定められています。

3　損害賠償額の予定

　契約上の義務の履行がされなかった場合，原則として，当事者は義務を履行しなかった相手方に損害賠償を請求することができます。しかし，どれだけの損害が発生したのかについては，請求する側が主張・立証しなければならないところ，裁判において損害額を立証することはなかなか大変な作業です。そこで，契約書においてあらかじめ損害賠償額を決める条項が設けられることがあります（損害賠償額の予定と呼ばれます）。

　損害賠償額の予定がなされている場合，損害賠償を請求する側は，相手方の債務不履行の事実さえ証明すれば，その条項に定められた金額を相手方に請求することができます。

　ここで注意すべきポイントは，損害賠償額の範囲としてどのような定めが置かれているかです。これを考えるに当たっては，自分が契約当事者として，どのような立場であるかを自覚しておく必要があるでしょう。相手方が契約上の義務を履行できない可能性がある場合には，その損害賠償の範囲をできるだけ広くします。逆に自身が契約上の義務を履行できない可能性がある場合には，その範囲をできるだけ狭くすべきです。

　自分が請求をする側に立つ可能性が高いか，請求をされる側に立つ可能性が高いかは，契約に定められた取引内容や双方の義務の内容をよく見て確認しましょう。

4 瑕疵担保責任

　民法上，売買の目的物の種類，品質，数量に関して，契約の内容に適合しないものであるときは（契約不適合），売主は契約上の責任を負うこととなります。買主から言えば，引渡しを受けた目的物が契約の内容に適合しない場合には，契約の内容に適合した目的物を引渡すように求める権利，代金の減額を求める権利，損害賠償を請求する権利，契約を解除する権利を持つことになります（民法562等）。

　売買契約書にも同趣旨の条項が記載されることも多いですが，一方で，買主は売買の目的物に契約不適合があっても売主に対し一切責任追及することができない旨の条項が入れられている場合もあります。その場合，買主は，購入した家屋に雨漏りがあったとか購入した土地に何らかの埋設物が埋まっていたとかいう欠陥があった場合にも，売主に対しその損害賠償を請求できなくなるので注意が必要です。

5 不動産売買でよく見られる条項

　その他，不動産売買契約書においてよく見られる条項は，登記に関する条項（売主が自身の責任で抵当権等の負担を除去しておく旨，決済と同時に所有権移転登記を申請する旨，買主が所有権移転登記費用を負担する旨は通常定められます），固定資産税と都市計画税について，売主と買主の精算を定めた条項（通常は決済日の前日までは売主負担，決済日以降は買主負担とされます），境界の明示に関する条項（売主による境界明示が必要とされる場合があります），登記簿上の面積と実測面積が違っていた場合の精算金に関する条項（実測面積と異なっていても精算しない旨定められることが多いです）があります。

3 意思能力・行為能力

Q16

誰でも売買契約の当事者になれるのですか。年齢や認知症などによって制限はないのでしょうか？

Point

- 嬰児や重度の認知症の人は，法律行為を行うことができない（意思能力の問題）。
- 未成年者や成年被後見人は，単独では有効に契約を締結することはできない（行為能力の問題）。

A 1 意思能力

Q14で説明したように，売買契約は「売ります」「買います」という意思の合致があれば成立します。

この「売ります」「買います」というような一定の法律効果の発生を欲する意思を外部に表現する行為を意思表示といいます。売買契約を含む法律行為は，基本的にこの意思表示が必須要件となっています。

ところで，この意思表示を有効に行うためには，自分が行った意思表示の効果をきちんと認識できる能力（これを「意思能力」といいます）が必要です。売買の例でいえば，自分の所有物を「売ります」といい，相手方がそれに応じれば目的物の所有権が相手方に移るという効果を理解できることが必要なのです。この点，まだ言葉を理解できない嬰児や，重度の認知症などによって物事の是非が全く分からなくなってしまった人は，自分の行った意思表示の効果を認識する能力がないので意思能力がありません。

意思能力がない人は有効に法律行為を行うことができないので，仮に売買契約を締結したとしても，その契約は無効です（民法3の2）。

それでは，どのような場合に意思能力は認められ，どのような場合に否定さ

れるのでしょうか。

　意思能力があるとされるために必要な知力の程度は，おおよそ7～10歳の者の知力とされています。ただし，この基準は一般的な契約に妥当するもので，全ての契約においてこの基準で意思能力が認められるわけではありません。意思能力として要求される水準は重要な契約であればあるほど，また複雑であればあるほど，高い水準の能力が必要となります。意思能力は，その契約等によって個別具体的に必要な水準が変わるのです。

2　行為能力

　さらに，意思能力があったとしても，誰もが単独で有効に法律行為を行うことができるわけではありません。民法は，未成年者，成年被後見人，被保佐人，被補助人（これらの人々を「制限行為能力者」といいます）が法の定めに反して単独で行った法律行為は原則として取り消すことができるとしています（民法5②，9，13④，17④）。これは，意思能力があったとしても，類型的に自由競争社会において自分の財産や権利を守るための必要な判断ができないと考えられる人を保護する趣旨です。制限行為能力者が法律行為を行うためには，法定代理人や成年後見人等が関与して行う必要があり，そうでなければ法律行為が取り消されてしまう場合があります。

　例えば，未成年者が資産を譲り渡す場合には，未成年者の法定代理人の同意（民法5①本文）又は法定代理人による代理（民法824）が必要です。法定代理人というのは，本人の委任に基づかず法律上当然に定まる代理人のことです。未成年者の法定代理人は，原則として親権者です（親権者がいないときや親権者が子の財産の管理権を有しないときは未成年後見人が法定代理人になります）。未成年者の親権は，父母の婚姻中は，原則として父母が共同して行うため（民法818③本文），未成年者が法定代理人の同意を得て資産を譲り渡す場合には，父母双方の同意を得ることが必要です。法定代理人が代理して売買契約を締結する場合，売買契約書には，原則として父母の署名・押印が必要ですが，父母の両方の同意があれば，父母のいずれかの署名・押印があれば足ります。

第 3 章

譲渡時の
課税関係

I 不動産等の譲渡（個人）

1 不動産の譲渡に係る所得税・住民税の取扱い

Q17

　個人が土地や建物などを譲渡した場合における，所得税・住民税の取扱いを教えてください。

Point

- 譲渡所得に対して所得税・住民税が課される。
- 所得税等の税率は，所有期間により異なる。
- 譲渡損が生じた場合，他の不動産等の譲渡による譲渡益との通算はできるが，他の所得との損益通算はできない。
- 譲渡益が生じた場合や譲渡所得の特例の適用を受ける場合には，譲渡した年の翌年３月15日までに確定申告をする必要がある。

A　1　課税の対象

　譲渡所得は，資産が保有者の手を離れる時に，所有期間中の保有資産の値上り益が実現したものとして計算される所得（キャピタルゲイン）です。

　課税上の譲渡所得は，資産の譲渡による収入金額から取得費及び譲渡費用を控

図表3－1

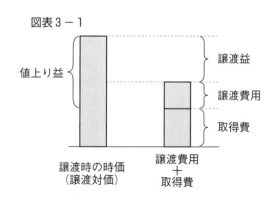

除して計算されます。土地や建物など（以下「不動産等」といいます）を譲渡した場合には，当該譲渡所得に対し所得税・住民税（以下「所得税等」といいます）が課されます（措法31，32）（図表3-1）。

2 税　　　率

　不動産等の譲渡による所得については，他の所得（事業所得・不動産所得・給与所得等，超過累進税率が適用される所得）と分けて

図表3-2

	長期譲渡所得	短期譲渡所得
所得税率	15.315%	30.63%
住民税率	5 %	9 %

分離譲渡所得として所得税等が課されます。分離譲渡所得は，所有期間に応じて長期譲渡所得と短期譲渡所得とに区分し，図表3-2の税率により課税されます（措法31，32）。

(1) 所 有 期 間

　所有期間とは，不動産等の取得をした日から譲渡した日を含む年の1月1日までの期間をいいます。この期間が5年を超えている場合には，長期譲渡所得になり，5年以下の場合には短期譲渡所得になります。

　所有期間は，譲渡した日までの期間ではなく，譲渡した年の1月1日までの期間です。したがって，実際には5年超保有していた不動産等であっても，短期譲渡所得に該当することがあるので注意が必要です（図表3-3）。

図表3-3　5年超保有していても短期譲渡所得に該当するケース

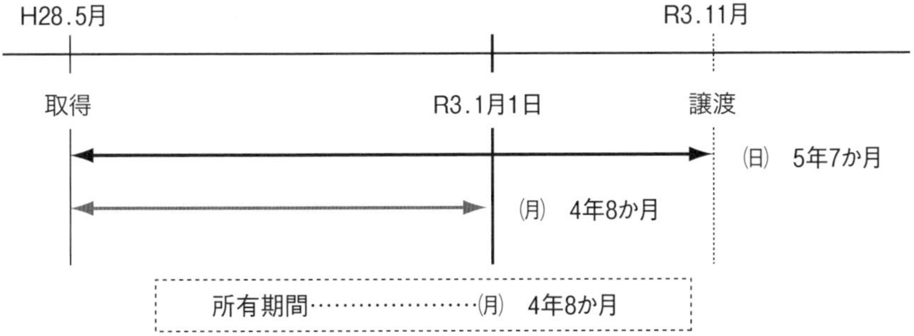

① 取得した日

取得した日とは，下記の区分に応じ，それぞれの日をいいます。

(イ) 購入した不動産等である場合……当該不動産等の引渡しを受けた日。ただし，売買契約の効力発生日を取得した日とすることもできます（所基通33−9⑴）。

(ロ) 自ら建設した建物等である場合……当該建物等が完成した日（所基通33−9⑵）

(ハ) 他に請け負わせて建設等した建物等である場合……当該建物等の引渡しを受けた日（所基通33−9⑶）

(ニ) 相続や贈与により取得した不動産等である場合……被相続人や贈与者が取得をした日（所法60①一，措令20③三）

(ホ) 交換により取得した資産で，「交換の特例」（**Q22**参照）の適用を受けたものである場合……交換により譲渡した不動産等の取得をした日（所基通58−1）

② 譲渡した日

譲渡した日とは，不動産等を引き渡した日又は売買契約の効力が発生した日のいずれかをいいます。「不動産等を引き渡した日」は，例えば，不動産等の所有権移転登記に必要な書類を交付した日等により，不動産等の支配の移転の事実を総合的な見地から判断することになります（所基通36−12）。

3 内部通算・損益通算

⑴ 他の不動産等の譲渡益との内部通算

不動産等の譲渡を行い，譲渡による収入金額から取得費及び譲渡費用を差し引いた金額がマイナスになる場合（譲渡損失が生じる場合）には，まず当該譲渡損失を同一年の同一区分（長期譲渡所得・短期譲渡所得の区分）内の不動産等の譲渡益と相殺します。同一区分内における相殺をしても相殺しきれない譲渡損失については，もう一方の区分の不動産等の譲渡益と相殺します。

⑵ 不動産等の譲渡所得以外の所得との損益通算

⑴の損益の相殺後，なお相殺しきれない不動産等の譲渡による損失については，原則として他の所得（事業所得・不動産所得・給与所得等）との損益通算

図表 3 − 4

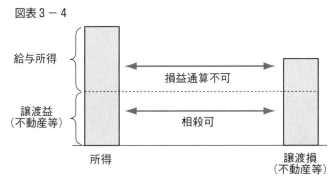

（注） 居住用不動産の譲渡損失の適用については**Q23**参照

はできません（図表 3 − 4 ）。

4 確定申告及び納付

⑴ 所 得 税

　譲渡益が生じた場合には，譲渡した年の翌年 2 月16日から 3 月15日までの間に確定申告を行い，所得税を納付することになります（所法120）。新型コロナウイルス感染症拡大防止の観点から，申告期限の延長が可能になっています。譲渡損が生じた場合には，原則として確定申告を行う必要はありませんが，譲渡所得に係る各種の税金の特例（**Q23**参照）の適用を受ける場合には，譲渡損が生じた場合であっても，確定申告をする必要があります。

⑵ 住 民 税

　住民税については，⑴で計算された所得に基づいて市区町村にて税額が計算され，譲渡した年の翌年 6 月頃に納付書が届きます。この納付書に基づき， 4 回（ 6 月・ 8 月・10月・翌年 1 月）に分割して住民税を納付することになります。

　なお，給与所得者については，所得税の確定申告を行う際に選択することにより，毎月の給与から住民税を天引き（特別徴収）して納付することも可能です。

2 不動産の譲渡に係る収入金額

Q18

どのようなものが不動産等の譲渡による収入金額に含まれますか？

Point

- 一般的には，買主から受け取る金銭の額が収入金額となる。
- 金銭に代えて金銭以外の物や権利により受け取る場合には，金銭以外の物や権利を受け取るときにおける価額が収入金額となる。

A 1 譲渡による収入金額

不動産等の譲渡をした場合における収入金額は，当該不動産等の譲渡の反対給付として受け取った一切の金銭等の額をいいます。受け取った一切の金銭等の額とは，基本的には譲渡契約書に記載された金額をいうのですが，契約書記載金額以外に不動産等の譲渡に起因して金銭等を受け取った場合には，契約書への記載がなくとも，その金銭等の額も収入金額になります（所法36①）。

(1) 収入金額になるもの

① 譲渡後における各種費用の精算金

土地等の分筆費用や測量費用その他の譲渡に伴い発生した費用について，譲渡後に又は譲渡契約とは別に精算されることがあります。このような各種費用のうち売主が本来負担すべきものについては，不動産等の対価の一部として収入金額に含まれます。

② 未経過固定資産税の精算金

不動産等の取引慣例として，不動産等の譲渡に伴い，譲渡日から年末までの固定資産税を月割又は日割により精算することがあります。本来，固定資産税はその年1月1日の賦課期日における不動産等の所有者に課されるものですの

で，年の中途において売買が行われたとしても，買主がその年の固定資産税を支払う義務はありません。したがって，売買当事者間で固定資産税等の精算が行われた場合における当該精算金は，売買代金の一部として収入金額に含まれます。

⑵　収入金額にならないもの

　いったん締結した不動産等の売買契約に関して買主から解除を受け，違約金を収受することがあります。この違約金については，資産の譲渡の一環として受け取ったものであっても不動産等の譲渡収入とはされず，一時所得（事業用資産である場合には事業所得）として課税されます。

2　金銭以外の物や権利による収入金額

　不動産等の譲渡代金の支払いは，通常金銭の授受により行われますが，金銭以外の物や権利を対価とする取引として，下記のような資産を移転させる行為があった場合には，下記の区分に従って不動産等の譲渡として収入金額が認識されます（所法36②）。

① 　資産の交換……自らが保有する不動産等と他の者が保有する資産との交換取引

　　収入金額：交換により取得する資産の時価

② 　現物出資……自らが保有する不動産等を法人に現物出資する取引

　　収入金額：現物出資により取得する法人の株式（又は出資持分）の時価

③ 　代償分割……相続に伴う代償分割により自らが保有する資産を譲渡する取引

　　収入金額：引き渡す不動産等の時価

④ 　負担付贈与……借入金等の債務を引き継ぐことを条件に資産を譲渡する取引

　　収入金額：負担の価額

3 不動産の譲渡に係る取得費

Q19

不動産等の譲渡に係る取得費は，どのように計算されますか？

Point

- 不動産等の購入代金に，購入のために支払った付随費用を加算した金額が取得費となる。
- 不動産の購入後に支払った設備費や改良費も取得費に含まれる。
- 建物のように，使用することにより価値が減価する資産については，上記取得費から減価償却費相当額を差し引いた金額が取得費となる。

A 1 不動産等の購入費用等

取得費とは，売却する不動産等の取得をするために要した金額及び設備費・改良費の合計額をいいます（所法38）。不動産等の取得をするために要した金額とは，不動産等の取得形態に応じて下記のとおりとなります。

① 他者から購入した不動産等である場合……購入代金又は建築費用及び購入手数料

② 自ら建築したものである場合……材料費・労務費・その他の建築経費の合計額

③ 資産の交換（「交換の特例」の適用を受けたものを除きます）や代償分割により取得した不動産等である場合……取得時における取得した不動産等の時価

2 購入に伴う付随費用

取得費には，不動産等の取得や使用をするために支出した，下記のような付

随費用が含まれます。ただし，業務用資産に係る下記の付随費用で，各種の所得（不動産所得や事業所得等）の金額の計算上必要経費に計上されたものは，取得費に含まれません。

① 不動産等の取得に係る税金等（業務用資産に係るものを除きます）……不動産等の取得（相続又は贈与による取得を含みます）に伴い納付した不動産取得税・登録免許税や，司法書士等に支払った登記費用・購入時の売買契約に添付した印紙税（所基通38－9）

② 棟上式費用等……建物等の完成前に行われる地鎮祭や棟上式費用，建物の建築に伴い近隣住民に支払う住民対策費用

③ 借入金の利子等……不動産等の取得に係る借入金等（購入費用に係る借入金を含みます）の利子のうち，借入れの日からの当該不動産等の使用開始の日までの期間に対応する利子。その他，不動産等の取得に係る借入れを行う際に支出する公正証書作成費用，抵当権設定登記費用，借入れの担保として締結した保険契約に基づき支払う保険料などの費用（所基通38－8）

④ 違約金……より有用な不動産等を取得するために，一度締結した不動産等の取得に関する契約を解除して他の不動産等を取得することとした場合に支出する違約金（所基通38－9の3）（売却に伴い支出した違約金については**Q21**参照）

⑤ 訴訟費用……取得に関し争いのある資産について，その所有権等を確保するために直接要した訴訟費用，和解費用等の額。ただし，相続に係る遺産分割に際して支払う費用は含まれません（所基通38－2）。

⑥ 立退料……他の者に使用されている土地や建物を購入する場合において，当該使用者を立ち退かせるために支払った立退料（所基通38－11）

⑦ 整地費用……土地の測量，埋立て，土盛り，地ならし，上水道又は下水道の工事その他土地の造成又は改良のために要した金額（所基通38－10）

⑧ 土地の取得に伴う建物の取壊し費用……建物等の取得が当初からその建物等を取り壊して土地を利用する目的であることが明らかであると認められるときは，当該建物等の取得に要した金額及び取壊しに要した費用の額の合計額（所基通38－1）

3　不動産等購入後における費用

　不動産等の購入後において支出する金額のうち，当該不動産等の価値を増加させるような設備費や改良費についても，取得費に含まれます。一方で，当該不動産等の通常の維持管理のための固定資産税や修繕費については，取得費には含まれません。不動産等の価値を増加させるような費用とは，建物等の増改築や用途変更に伴う模様替え等の費用をいいます。

4　減価する資産

　建物や構築物等のように，使用に伴って減価する資産については，上記1①〜③で算出した取得価額から，当該資産に係る償却費の額の累計額（減価償却累計額）及び減価の額を控除した未償却残額が取得費となります（所法38①）。

⑴　業務用資産に係る償却費の額の累計額

　業務用資産については，毎年の確定申告の際に必要経費に算入した当該不動産等に係る減価償却費の累計額が「償却費の額の累計額」になります。

　毎年提出する確定申告書の添付書類である「収支内訳書」又は「青色申告決算書」にある減価償却の計算の項目にて未償却残額を確認することができます。

⑵　非業務用（家事用）資産に係る減価の額

　自宅や別荘などの非業務用資産に係る減価の額は，下記の算式により計算します（所令85①）。

　減価の額＝取得価額×0.9×償却率[注1]×経過年数[注2]

　（注1）　同種の資産の耐用年数に1.5を乗じた年数（1年未満切捨て）に係る旧定
　　　　　額法による償却率

　（注2）　取得の日から売却の日までの期間（6月以上切上げ・6月未満切捨て）

4 不動産等の譲渡に係る取得費が不明な場合

Q20

相続や贈与により取得した不動産等の取得費は，どのように計算されますか？ また，先祖代々受け継いできた不動産等で，いくらで取得したのか不明な場合は，取得費をどのように計算するのでしょうか？

Point

● 相続（限定承認を除く）又は個人からの贈与により取得した資産については，被相続人や贈与者がその不動産等を引き続き所有していたとした場合に算定される取得費が譲渡をする者の取得費となる。

● 法人から受贈した資産や限定承認により取得した資産については，取得の時におけるその不動産等の時価が取得価額となる。

● 取得費が不明な場合には，収入金額の5％を取得費として計算することができる。ただし，取得当初の取得価額を合理的に算定している場合には，当該算定された金額をベースに取得費とすることも可能。

A 1 取得費の引継ぎ

　相続や贈与により取得した資産については，被相続人や贈与者がその不動産等を引き続き所有していたとした場合に算定される取得費が，譲渡をする者の取得費となります（所法60①一）。また，相続や贈与による取得時に支払った登録免許税や不動産取得税，取得後における増築等による設備費や改良費は，引き継がれた取得費に合算することができます（所基通60-2）。

ただし，限定承認による相続・遺贈（以下「相続等」といいます）及び法人からの贈与により取得した資産については，その性質上，異なる取扱いがされます（下記2参照）。

2　取得費が引き継がれない相続等や贈与

　相続や贈与による資産の取得であっても，限定承認による相続等及び法人からの贈与による資産の取得の場合には，取得費が引き継がれず，取得の時におけるその不動産等の時価が取得費となります（所法60①）。

⑴　限定承認による相続・遺贈

　限定承認は，相続によって取得する財産の価額を限度として，債務を承継するものです。限定承認があった場合においても取得費を引き継ぐこととすると，その後相続人が資産を譲渡した時に，取得時から相続時までの値上り益を含めたところで譲渡所得が計算されてしまいます。そうなると，本来は被相続人に帰属する値上り益に対する所得税等（租税債務）についても，相続人が負担しなければならないことになります。すなわち，相続時に財産の価額を限度として債務を承継したはずなのに，結果として租税債務の分だけ債務超過の状態になってしまうわけです。そこで，限定承認による相続・遺贈があった場合には，相続人の引き継いだ資産の取得費は，相続時までの値上り益考慮後の価額（取得の時における時価）によることとし，その後，その資産を譲渡したとしても譲渡益が生じない配慮がなされています（図表3－5）。

図表3－5

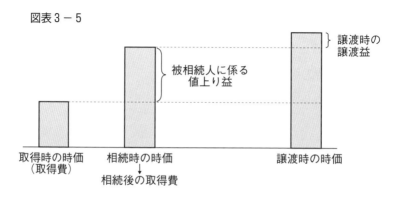

⑵　法人からの贈与

　個人から個人に対して資産を贈与した場合には，贈与時において所得税等は課されません。その後，贈与により資産を取得した人が当該資産を譲渡した時に，贈与の時までの値上り益を含めたところで譲渡所得として課税されます。

　これに対し，法人が個人に資産を贈与した場合，法人側では，法人が時価により譲渡をしたものとして，取得時から譲渡時までの値上り益について課税されます。このため，個人が法人から贈与を受けた資産の取得費については，贈与時までの値上り益考慮後の価額（すなわち，取得の時における時価）をもって取得費とすることとされています（図表3－6）。

図表3－6

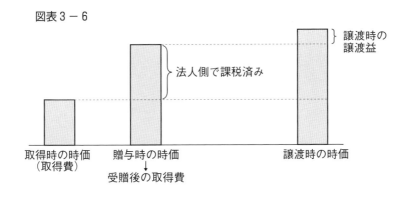

3　配偶者居住権等[1]と取得費の算定

⑴　配偶者居住権について

　配偶者居住権とは，被相続人の配偶者が相続開始時に被相続人が所有する家屋に住んでいた場合において，その家屋を他の相続人が取得する場合でも配偶者が引き続き無償で居住することができる権利をいいます。

⑵　配偶者居住権等と取得費の算定

①　配偶者居住権等の取得費

　配偶者居住権等は，第三者へ譲渡することが出来ません（民法1032②）。

───────────

1　配偶者居住権等とは，配偶者居住権及び配偶者敷地利用権を指します。

ただし，配偶者居住権等の所有者は，その対価を得て合意解除することにより消滅させることが可能とされています。この場合，配偶者居住権等の所有者から配偶者居住権等が付された不動産所有者に対する資産の譲渡があったものとされ，譲渡所得として課税されることになります。なお，当該譲渡所得計算上の取得費の算定方法は，以下図表のとおりです（所法60②③）。

図表 3 － 7

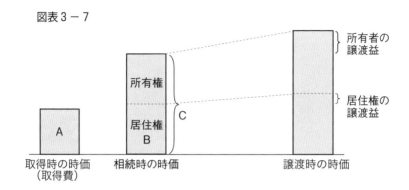

取得時の時価　　　相続時の時価　　　　　　　譲渡時の時価
（取得費）

【算式】

① $A \times \dfrac{B}{C} = D$

② $D - \left[D \times \dfrac{\text{取得時から消滅時までの年数}}{\text{存続年数}} \right] = $ 配偶者居住権の取得費

② 配偶者居住権等の設定された不動産の取得費

　配偶者居住権等の設定された不動産の取得費は，上記図表中の「A－配偶者居住権等の取得費」により算定することになります。

4　取得費が不明な場合等

⑴　概算取得費

　古くから保有する不動産等で取得費が不明な場合や，**Q19**による取得費が譲渡による収入金額の5％を下回る場合には，譲渡による収入金額の5％相当額を取得費とすることができます（措通31の4－1）。概算取得費を取得費とす

る場合には，相続等に伴う名義書換えに要した費用を概算取得費に加算することはできません。

⑵　合理的に算定された取得費

　購入当初の売買契約書の紛失等により取得費が不明な場合における取得費については，⑴のとおり「譲渡による収入金額の５％を取得費とすることができ・る・」旨が税法に定められています。この規定は，納税者が概算取得費を選択した場合にはその方法を認めるというものであって，「取得費が不明なものについては必ず概算取得費を使用しなければならない」というものではありません。したがって，取得費が不明な場合であっても，取得当初の取得価額として算定された金額が合理的であれば認められるケースもあります。

　平成12年11月16日裁決（裁事60号208頁）において税務署が提示し，かつ，採用された取得価額の算定方法は下記のとおりです。

図表3－8

（平成22年3月末＝100）

年次	Year	六大都市 6 large city areas			
		全用途平均 Total average	商業地 Commercial	住宅地 Residential	工業地 Industrial
昭和45年	1970	39.5	56.5	25.3	51.3
⋮	⋮	⋮	⋮		
平成元年	1989	300.5	516.2	213.9	260.9
2	1990	390.9	658.5	284.7	337.8
3	1991	402.6	680.6	290.7	350.8
4	1992	340.0	576.4	238.4	304.8
⋮	⋮	⋮			
27	2015	99.5	100.9	100.5	95.4
28	2016	102.2	106.5	101.6	96.3
29	2017	104.8	112.1	102.4	97.4
30	2018	108.2	119.3	103.3	99.3
31	2019	113.0	130.3	104.1	102.1
令和2年	2020	117.4	140.8	104.8	104.6

（資料）　一般財団法人日本不動産研究所「市街地価格指数・全国木造建築費指数」
　　　　一部抜粋（上記データは，各年の3月末の指標）

① 建物……着工建築物構造別単価により算定

　　着工建築物構造別単価表は，一般財団法人建設物価調査会が発行している建築統計年報で確認できます。裁決例においては，この着工建築物構造別単価及び建物面積により取得価額や減価償却費を計算し，譲渡時の取得価額を計算しています。

② 土地……市街地価格指数により算定

　　市街地価格指数は一般財団法人日本不動産研究所が公表しています。市街地価格指数とは，一定時点の土地の価格を100とした場合の各年における土地の価格を示した指標です。裁決例においては，この指標及び譲渡価格に基づき，取得時における取得価額を算定しています。

　　例えば，昭和45年に取得した商業地を令和2年に1,000万円で譲渡した場合における，昭和45年当時のその土地の取得費は，次のように算定されます（図表3－8）。

　　1,000万円÷140.8×56.5＝401.27万円

5 不動産の譲渡に係る譲渡費用

Q21

どのようなものが，譲渡費用として認められますか？

Point

- 不動産等を売却するために直接かつ通常必要な費用が譲渡費用となる。
- 譲渡に際して支払った費用であっても，仮に譲渡がなかったとしても，いずれは支払うこととなる費用は譲渡費用とはならない。
- 不動産の維持管理のための費用も譲渡費用とはならない。

A 1 譲 渡 費 用

　譲渡費用とは，資産の譲渡をするために直接かつ通常必要な費用をいいます（所基通33－7）。譲渡所得以外の各種所得に係る必要経費が原則として債務確定時に費用に算入されるのに対し，譲渡費用はいつ債務が確定したかにかかわらず，資産の譲渡時に費用とされます。なお，譲渡のために要する費用であっても，各種所得（事業所得や不動産所得等）の金額の計算上必要経費に算入されたものは，譲渡費用に含まれません。また，譲渡費用は資産の譲渡のための費用であるため，譲渡時に支払った費用であっても，資産の維持管理のための費用は譲渡費用に含まれません。

2 譲渡費用となるもの・ならないものの具体例

(1) 譲渡費用となるもの

　譲渡費用に該当するものとしては，下記のような支出があります。

① 仲介手数料等……資産を売却するために，仲介業者等に支払う仲介手数料

また，資産の売却条件等の交渉のための交通費等も譲渡費用に含まれます。
　親族等に仲介を依頼した場合には，当該親族に対して仲介手数料を支払うことも考えられますが，譲渡費用と認められる範囲のものに限られます。したがって，仲介手数料の名目で多額の支払いを行ったような場合には，社会通念の範囲を超える部分については譲渡費用とはなりません。

② 不動産等の譲渡に係る税金及び手数料……売主が負担した所有権移転登記費用，測量費，司法書士手数料や売買契約書作成手数料，印紙代，印鑑証明書の発行手数料

③ 借家人等に支払う立退料……資産の譲渡をするために，借家人に家屋を明け渡してもらうときに支払う立退料

④ 改築費用……譲渡価額を増加させるために，譲渡に際して支出したリフォーム費用

⑤ 違約金……譲渡条件をより有利なものにするために，すでに締結している売買契約を解除した場合に支出する違約金（取得に伴い支出した違約金については**Q19**参照）

⑥ 土地の譲渡に伴う建物の除却費用……土地の譲渡をするために，その土地の上にある建物等を取り壊した場合における建物等の取壊費用及び取り壊した建物等損失額（取壊し直前の取得費）（所基通33－8）

　なお，譲渡とは関係なく，他の利用目的等で業務用の建物等の取壊しを行った場合には，他の所得（例えば，事業所得や不動産所得）の金額の計算上，発生年において必要経費となります。

(2) **譲渡費用とならないもの**

　譲渡に際して支出されるものであっても，下記のような支出は，譲渡がなかったとしても，いずれは支払わなければならない費用であるため，譲渡費用には該当しません。

① 引越し代……譲渡に際し引越しを行った場合における引越し代

　引越しに伴って新居の購入やリフォームをした場合における支出についても譲渡費用になりません。新居の購入やリフォーム費用は，新居の取得費になります。

② 遺産分割のための費用……遺産分割のために要した弁護士費用等

また，相続時における登記が未了で，譲渡に際し登記を行った場合であっても，登記費用は譲渡費用には含まれません。この登記費用は，譲渡資産の取得費になります。

③　抵当権設定登記の抹消費用……資産に設定されていた抵当権を，当該資産の譲渡に伴い抹消するための費用

④　家族や管理人に支払う立退料……賃借権を有しない家族や管理人に対して，立退料の名目で支払った費用

6 交換の特例

Q22

不動産等を交換した場合，税金がかからないことがあると聞きました。税金が免除されるのはどのような場合ですか？　また，交換により取得した資産について何か注意点はありますか？

Point

- 資産の交換をした場合には原則として所得税等が課されるが，一定の要件を満たす交換は，交換時に所得税等はかからない。
- 交換取得資産を譲渡したときに譲渡益が実現する。
- この特例の適用を受けるためには，確定申告書に一定の記載が必要である。
- 取得資産に係る登録免許税・不動産取得税は課される。
- 消費税の課税標準の計算上もいったん譲渡したものとする。

A 1 資産の交換と課税

　資産を交換した場合であっても，税務上は資産の売却をした場合と同様に譲渡益を認識し，所得税等が課されるのが原則です。しかし，交換により取得をした資産を交換前と同じ用途に使用している場合は，従来からその資産を継続的に所有して使用しているのと実質的に変わりはありません。

　また，交換により生じる譲渡益は，金銭等の裏付けがない名目的な利益であるため，交換により所得税等が課された場合に税金を納付することができない可能性があります。そこで，一定の要件を満たす固定資産の交換については，譲渡益に対する課税を，交換により取得した資産を譲渡する時まで繰り延べることができます。この課税の繰延制度を「交換の特例」といいます（図表3－9）（所法58）。

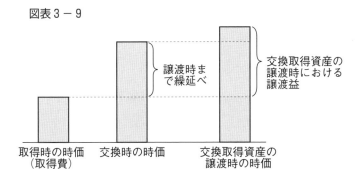

図表 3 - 9

譲渡時まで繰延べ

交換取得資産の譲渡時における譲渡益

取得時の時価（取得費）　　交換時の時価　　交換取得資産の譲渡時の時価

　なお，一定の要件を満たす交換であっても，交換取得資産と交換譲渡資産の時価の差額について交換差金の交付を受ける場合には，交換差金に対応する譲渡益に対して所得税等が課されます（図表 3 - 10）。

①　等価交換である場合又は交換差金を支払う場合……交換時における所得税等の課税はありません。

②　交換差金を受ける場合……交換差金に対応する譲渡益に対して課税されます。

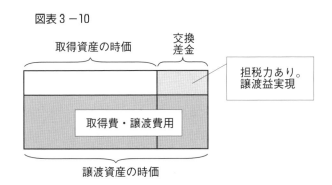

図表 3 - 10

取得資産の時価　　交換差金

担税力あり。譲渡益実現

取得費・譲渡費用

譲渡資産の時価

2　適 用 要 件

　土地（借地権を含みます）及び建物（建物付属設備を含みます）の交換で下記の要件の全てを満たす交換については，「交換の特例」の適用を受けることができます。

(1)　同一種類の固定資産の交換であること

　　譲渡資産と取得資産が，土地と土地，建物と建物のように同じ資産である必要があります。したがって，土地と建物のように違う種類の資産を交換した場合は対象となりません。

(2)　取得資産及び譲渡資産の所有期間がそれぞれ1年以上であること

　　所有期間とは，「取得した日」から「交換の日」までの期間をいいます。

　　取得資産と譲渡資産の両資産の所有期間が1年以上である必要があります。したがって，自らが所有している資産の所有期間が1年以上であっても相手方の所有期間が1年未満である場合には，特例の適用対象となりません。「取得した日」及び「交換の日」については，Q17の2をご参照ください。

(3)　取得資産が，相手方において交換のために取得した資産でないこと

　　例えば，「自らが欲しい資産を親に購入してもらい，その後自らの保有する資産と親が購入した資産とを交換する」といった行為がこれに該当します。これは(1)を補完する要件で，本来なら資産の譲渡に該当する取引について，交換取引を絡めることにより租税を回避するといった行為を防止するために定められているものです。この要件は交換直前における取得資産の使用状況や取得時期により判断されます。

(4)　取得資産を譲渡資産の譲渡直前の用途と同一の用途に供すること

　　同一の用途であるか否かは，下記の用途区分に従って判断します。なお，譲渡資産を他の用途に使用するために改造又は造成中である場合には，その改造又は造成後の用途区分に従って判断をします。

①　土地……宅地，田畑，山林，その他の区分

　　登記地目ではなく，現況の地目により判断します。なお，土地の場合には，事業用であるか家事用であるかの用途は問いません。

②　建物……居住用，店舗又は事務所用，倉庫用，その他の区分

　　店舗併用住宅である場合には，居住専用又は店舗専用として判定することができます。

(5)　譲渡資産の時価と取得資産の時価との差額が，これらの資産の時価のうちいずれか高い方の時価の20%以内であること

①　土地及び建物を同時に交換する場合

土地付建物と土地付建物を交換した場合には、「土地と土地」「建物と建物」、といった種類ごとの時価を比較して判定します。したがって、土地及び建物全体の時価差額が20%以内であったとしても、個々の資産の時価差額が20%を超える場合には特例を適用できません。

② 一つの資産について、交換と売却を同時に行う場合

　一つの資産を交換する場合に、一部を交換とし、他の部分を売買としているときは、売買とした部分を含めた一つの資産全体で時価の判定を行います。

⑹ 確定申告書に一定事項の記載があること

　資産の交換をした日の属する年の確定申告書に一定の事項を記載し、かつ、譲渡所得の内訳書を提出した場合に限り適用があります。

3　所得税等以外の税金の取扱い

　「交換の特例」は所得税等の課税上の特例です。したがって、不動産取得税・登録免許税については、不動産等を譲渡した場合と同様に課されます。また、交換資産が事業用資産である場合には、いったん交換譲渡資産を譲渡し、交換取得資産を新たに購入したものとして、消費税の課税標準を計算することになります。したがって、土地等の非課税資産を交換する場合には、一時的に課税売上割合が低下しますので注意が必要です（**Q29**参照）。

4　交換取得資産の取得費

　交換の特例の適用により取得した資産の取得費は、交換差金等の有無に応じて、下記のように計算します。

① 等価交換の場合

　（譲渡資産の取得費＋譲渡費用）＋取得資産の取得経費

② 交換差金を支払う場合

　（譲渡資産の取得費＋譲渡費用）＋取得資産の取得経費＋交換差金等

③ 交換差金を受ける場合

　$（譲渡資産の取得費＋譲渡費用）× \dfrac{取得資産の時価}{（取得資産の時価＋交換差金等）}$

　＋取得資産の取得経費

7 親族間における資産の譲渡に関する特例

Q23

親族間で不動産等の譲渡をした場合に適用できる所得税等の課税の特例措置を教えてください。

Point

- 親族間における譲渡について適用できる所得税等の課税の特例は「交換の特例」と「事業用資産の買換え」である。
- 居住用不動産を譲渡した場合の各種特例については，親族間における譲渡には適用できない。

A 個人が不動産等を譲渡した場合に適用することができる，主な所得税等の課税の特例は次頁図表3−11のとおりです。このうち，親族間における譲渡でも適用がある特例は4と5です。

居住用不動産の譲渡については，譲渡益が生じた場合及び譲渡損が生じた場合のいずれについても，所得税等の各種の特例規定（図表3−11，1〜3参照）が設けられています。しかし，親族（親族が経営する同族会社を含みます）に対し，居住用財産の譲渡をする場合には，これらの規定の適用を受けることができないため，注意が必要です。

60

図表 3 －11

	特　例	内　容	親族間譲渡における適用の可否
1	居住用不動産の特別控除	居住用不動産の譲渡による譲渡所得から3,000万円の特別控除額を控除できる特例	×
2	居住用不動産の長期譲渡所得の課税の特例	所有期間が10年を超える居住用不動産を譲渡した場合に，譲渡所得のうち6,000万円までの金額について，税率を20.315％（所得税15.315％，住民税5％）から14.21％（所得税10.21％，住民税4％）に軽減する特例	×
3	居住用不動産の譲渡損失の損益通算及び繰越控除	所有期間が5年を超える一定の居住用不動産を譲渡したことにより生じた損失について，他の所得（事業所得・不動産所得・給与所得等）と損益通算等することができる特例	×
4	交換の特例（Q22参照）	同一の種類の資産の交換をした場合に，譲渡がなかったものとする特例	○
5	事業用資産の買換え	一定の資産の買換えを行い，その取得の日から1年以内に買換資産を事業の用に供したときは，譲渡益の一部に対する課税を将来に繰り延べることができる特例	○

8 取得費加算の特例

Q24

相続により取得した不動産を譲渡した場合には，取得費の特例があると聞きました。この特例はどのようなものでしょうか？

Point

- 支払った相続税の一部を取得費に加算できる「取得費加算の特例」がこれに該当する。
- 配偶者の税額軽減等の適用により納付する相続税がない場合には，この特例は適用できない。

A 1 取得費加算の特例

　相続税の課税の対象となった資産を相続後に譲渡すると，相続税の他，所得税等が課されます。相続税の納税や遺産分割のために，相続により取得した資産を相続直後に譲渡した場合，所得税等が課税されると手取額が少なくなり，必要額を調達できなくなる可能性があります。

　そこで，相続税申告書の提出期限の翌日から3年以内に相続税の課税の対象となった資産を譲渡する場合には，相続税額の一部を取得費に加算することができることとされています（措法39）。この規定は，相続税と所得税の税負担の調整のために行われるものであるため，相続税額の計算上，配偶者の税額軽減等の適用により納付する相続税が生じない相続人に対しては，この規定の適用はありません。

　なお，相続税の課税の対象となった資産には，相続時精算課税により被相続人から贈与を受けた財産や相続開始前3年以内に被相続人から贈与を受けた資産で相続税の課税の対象となった資産も含まれます。

2 取得費加算額

　取得費（概算取得費を含みます）に加算する相続税は，譲渡をした者が納付した相続税額をもとに算定し，更正や修正申告があった場合には，更正又は修正後の納税額をもとに算定します。具体的には，納付をした相続税額のうち，譲渡をした資産に対応する相続税額を取得費に加算することができます。

$$
譲渡者の\\相続税額 \times \frac{譲渡者の相続税の課税価格の計算の基礎とされた譲渡資産の価額の合計額}{譲渡者の相続税の課税価額（債務控除前）}
$$

3 代償金を支払って取得した相続財産がある場合

　遺産の分割に当たって特定の相続人が相続財産を現物で取得し，その現物を取得した人が他の相続人等に対して代償金の支払債務を負担する分割を代償分割といいます。この代償分割により取得した資産を譲渡した場合における，取得費加算額は，下記のとおりとなります。

$$
譲渡者の\\相続税額 \times \frac{譲渡者の相続税の課税価格の計算の基礎とされた譲渡資産の価額\ D - 支払代償金\ C \times \frac{D}{A+C}}{譲渡者の相続税の課税価額（債務控除前）\ A}
$$

　なお，代償金を受け取る相続人に係る相続税は取得費加算の対象にはなりません。したがって，相続後に相続資産の売却対価を代償金として各相続人に分配をするよりは，各相続人が共有して相続した方が，取得費加算額を多く計上することができるため，譲渡による所得税等が少なくなります。

Ⅱ 不動産等の譲渡（法人）

1 法人が不動産等を譲渡した場合

Q25

法人が，その法人の役員等の親族に対して不動産等を譲渡した場合の法人税等の取扱いを教えてください。

Point

- 譲渡益に対し法人税等が課される。
- 法人が支出した金銭等で事業の遂行上必要なものは，譲渡費用でなくとも損金となる。したがって，個人のように譲渡費用に該当するか否かを明確に分ける必要はない。
- 個人の場合と異なり，収入金額は時価となる。

A 1 譲渡損益に対する法人税

　個人が不動産等の譲渡をした場合に他の所得と分けて不動産等の譲渡益に対して所得税等が課されるのに対し，法人が不動産等を譲渡したことによる譲渡損益は，他の所得と分けることなく事業利益と合算され，法人税等が課されます。したがって，法人が不動産等を譲渡したことにより生じた譲渡損は，他の事業利益と相殺することができます（法法22）。

2 譲渡収入

　法人が不動産等を譲渡した場合には，その譲渡価額がいくらであったとしても，時価で売却したとして譲渡による収入金額を認識します。通常の第三者間での取引であれば，当事者間で合意した譲渡契約に係る譲渡対価が時価となり

ますが，法人とその役員等の親族といった特殊な関係者間における取引の場合には，譲渡契約に係る譲渡対価が必ずしも適正な時価を反映していないことがあります。そのため，特殊関係者間における取引については，譲渡時の時価を必ず確認する必要があります。

3 譲渡費用

　法人は利益を得るために事業を行うことを目的とした組織体ですので，法人が行う行為は全て事業行為ということになります。したがって，譲渡に関する支出については，個人のように譲渡費用に該当するか否かを区分する必要がなく，事業の遂行上支出したものであれば全てが損金になります。

2 グループ法人税制の適用

Q26

　100%支配関係があるグループ法人間で不動産等を譲渡した場合の法人税等の取扱いを教えてください。

Point

- 100%支配関係があるグループ法人間における資産の譲渡については，グループ法人税制の対象となり，資産の譲渡から生じる損益は譲渡時に認識せず，繰り延べられる。
- 繰り延べられた譲渡損益は，譲渡を受けた法人がその資産を他の法人に譲渡する時等一定の時に実現し，課税される。

[A]　1　グループ法人間における資産の譲渡取引に係る損益の繰延べ

　100%支配関係があるグループ法人に一定の資産（以下「譲渡損益調整資産」といいます）を譲渡した場合には，譲渡法人の課税所得の計算上，譲渡損益調整資産に係る譲渡損益が繰り延べられます（法法61の13①）。なお，この制度は，譲渡法人と譲受法人の両方が日本に本店等を有する内国法人である場合に限って適用されます。

⑴　グループ法人（完全支配関係）とは

　資産の譲渡取引に係る損益の繰延べは，下記のような支配関係（完全支配関係）にある法人間の取引について適用されます（法令4の2）。

①　一の者が法人の発行済株式の全部を直接又は間接に保有する関係

　　例えば，図表3－12の「甲社」と「乙社」，「乙社」と「丙社」，「甲社」と「丙社」の関係をいいます。

②　一の者との間に当事者間の完全支配関係がある法人相

図表3－12

甲社

| 100%

乙社

| 100%

丙社

66

互の関係

　例えば，図表3−13の「甲社」と「乙社」の関係をいいます。

　なお，「一の者」が個人株主である場合には，当該個人株主の親族（6親等内の血族及び3親等内の姻族）や事実上婚姻関係のある者等特殊の関係のある個人を含めたところで「一の者」とします。

図表3−13

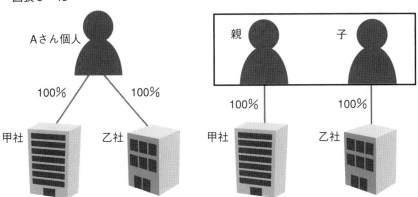

(2)　譲渡損益調整資産

　譲渡損益調整資産とは，譲渡法人における帳簿価額が1,000万円以上の「固定資産」「土地等」「有価証券（売買目的有価証券を除きます）」「金銭債権」「繰延資産」をいいます。したがって，帳簿価額が1,000万円未満の資産の譲渡については，通常どおり譲渡損益が認識されます。帳簿価額が1,000万円以上であるか否かの判定は，下記の単位ごとに行います（法令122の14）。

①　土地……一筆ごと。ただし，一体として利用されている一団の土地については，その一団の土地ごと

②　建物……一棟ごと

2　譲渡損益の戻入れ

　繰り延べられた譲渡損益調整資産に係る損益は，下記の事由等が生じた時に，譲渡法人側で実現することになります（法法61の13②）。

①　譲受法人における譲渡損益調整資産の譲渡

②　譲受法人における譲渡損益調整資産の償却，評価替え，除却等

③　譲受法人と譲渡法人との関係が完全支配関係でなくなった場合

III 不動産等の譲渡 (個人・法人共通)

1 不動産等譲渡に係るその他の税金の取扱い

Q27

不動産等を売買した場合に，所得税等以外に税金がかかりますか？

Point

● 不動産取得税・登録免許税が課される。

● 譲渡契約書には，金額に応じて印紙を貼付しなければならない。

A 1 不動産取得税 (購入者)

　免税点を超える建物の取得や交換をした場合には，資産の取得者に対し不動産取得税が課されます。取得後，数か月以内に都税事務所等より納付書が届きます。当該納付書に基づき納税を行うことになります。

　なお，不動産取得税の税額は，下記のとおり計算されます。

　不動産取得税＝固定資産税評価額(注)②×税率(注)③

(注)① 課税標準となるべき額が免税点以下である場合には，課税されません。

　　　　免税点は，建物を売買等により取得した場合12万円，土地を取得した場合10万円です。

　　② 土地のうち宅地の取得に係るものは固定資産税評価額の2分の1

　　③ 原則4%（令和6年3月31日までの間に取得した住宅及び土地については3%）

2　登録免許税（購入者）

不動産等の登記をする場合には，その際に登録免許税が課されます。

登録免許税の税額は下記のとおり計算されます。

登録免許税＝固定資産税評価額×税率(注)

（注）　税率は図表 3 −14のとおりです。

図表 3 −14

資産	内　　容	税率	軽　減　税　率	
土地	売買	20/1,000	令和 5 年 3 月31日までに取得	15/1,000
	相続等	4/1,000	令和 4 年 3 月31日までに行う一定の登記については免税	
	その他（交換・贈与等）	20/1,000	—	
建物	住宅用	4/1,000	令和 4 年 3 月31日までに取得した自己の居住用建物	
	売買	20/1,000		
	相続等	4/1,000	新築等	1.5/1,000
	その他（交換・贈与等）	20/1,000	新築以外	3/1,000

不動産登記を司法書士に依頼する場合には，司法書士が登記申請の際に納税手続きをし，後日登記手数料等とともに請求されます。

3　印　　紙

不動産等の売買契約書には，印紙を貼付する必要があります。 2 通作成する場合には，両方に印紙を貼付する必要があります。

印紙税の額は，不動産等の譲渡契約書の記載金額に応じて図表 3 −15のとおりとされています。

図表 3 −15

記載金額	本則税率	軽減税率※
10万円を超え50万円以下のもの	400円	200円
50万円を超え100万円以下のもの	1,000円	500円
100万円を超え500万円以下のもの	2,000円	1,000円
500万円を超え1,000万円以下のもの	10,000円	5,000円
1,000万円を超え5,000万円以下のもの	20,000円	10,000円
5,000万円を超え 1 億円以下のもの	60,000円	30,000円
1 億円を超え 5 億円以下のもの	100,000円	60,000円
5 億円を超え10億円以下のもの	200,000円	160,000円
10億円を超え50億円以下のもの	400,000円	320,000円
50億円を超えるもの	600,000円	480,000円

※軽減税率の対象となるのは，平成26年 4 月 1 日から令和 4 年 3 月31日までの間に作成されるものです。

2 不動産等を譲渡した場合（消費税）

Q28
不動産を譲渡した場合の消費税の取扱いを教えてください。

Point

- 不動産の譲渡取引のうち，事業として行われる不動産の譲渡取引のみが消費税の対象になる。
- 事業として行われる不動産の譲渡取引のうち，土地や借地権を譲渡する取引は非課税取引に該当し，消費税は課されない。
- 居住用賃貸建物を一定期間内に譲渡した場合は，調整計算がある。

A 1 消費税の納税義務者

譲渡者から預かった消費税を国に納付しなければならない消費税の納税義務者は，個人事業者と法人です（消法5）。ただし，個人事業者や法人であっても，下記の①と②の要件を満たす場合には，消費税を納める義務が免除されます（消法9，9の2）。

① 基準期間（前々年又は前々事業年度等）における課税売上高が1,000万円以下となる。

② 特定期間（前年又は前事業年度開始の日以後6月の期間等）における課税売上高が1,000万円以下となる。

2 消費税の課税対象となる取引

消費税が免除されない個人事業者や法人（以下「納税義務者」といいます）が行う取引のうち，国内において事業として行う，資産の譲渡や貸付け等が消費税の課税対象となる取引です（消法2，4）。すなわち，個人事業者が事業

とは別に行う家事用資産の譲渡取引は消費税の課税対象とはなりません。したがって，個人（個人事業者を含みます）が家事用資産を譲渡したことにより，購入者から本体価額とは別に消費税相当額を受け取ったとしても，当該消費税額を国に納付する必要はありません。

3　消費税の非課税取引

　課税対象となる取引であっても，消費に負担を求める税としての性格から課税の対象としてなじまないもの等には，消費税は課されません。不動産の譲渡のうち，土地や借地権については消費されるものではないため，消費税は課されません（消法6）。

4　居住用賃貸建物を譲渡した場合の調整税額の計算

　令和2年度の改正において居住用賃貸建物に係る課税仕入れ等については，仕入税額控除の対象としないこととされました。また，この建物の全部又は一部を課税仕入れの課税期間から3年以内に譲渡した場合には，譲渡をした居住用賃貸建物に係る課税仕入れ等の税額に課税譲渡等割合（※）を乗じて計算した金額を譲渡した日の属する課税期間の仕入れに係る消費税額に加算します（消法35の2②，法令53の2②）。

$$（※）\text{課税譲渡等割合}=\frac{\begin{array}{l}\text{譲渡した日までに行った当該}\\\text{居住用賃貸建物の課税賃貸用}\ +\ (B)\\\text{の貸付対価の額の合計}\ (C)\end{array}}{\begin{array}{l}\text{譲渡した日までに行った当該}\\\text{居住用賃貸建物の貸付対価の}\ +\ \begin{array}{l}\text{当該居住用賃貸}\\\text{建物の譲渡対価}\\\text{の額}\ (B)\end{array}\\\text{額の合計}\ (A)\end{array}}$$

3 事業用不動産等を譲渡した場合 （消費税）

Q29

事業用不動産等を譲渡した場合，消費税の取扱い で注意すべきことはありますか？

Point

- 事業用建物の譲渡は，消費税の課税標準計算上，課税売上に該当する。
- 土地や借地権等の非課税資産を譲渡した場合には，非課税売上高が一時的に増加するため，課税売上割合が減少し，納付税額が増加する可能性がある。
- 課税売上割合が減少する場合には，「課税売上割合に準ずる割合の承認申請書」を提出して承認を受けることにより，承認を受けた割合を用いて納付消費税額を計算することができる。

A 1 消費税の計算

　消費税の納税義務者は，消費税について申告し，納付しなければなりません。消費税額は，受け取った消費税額から支払った消費税額を控除して計算されます。課税売上割合が95％未満である事業者や，課税売上高が5億円を超える事業者の支払った消費税額（課税仕入れ等の税額）につき，控除する消費税額（控除対象仕入税額）は下記のいずれかにより計算されます（消法30①）。

⑴ 個別対応方式

　A＋B×課税売上割合＝控除対象仕入税額

　　A……課税資産の譲渡等にのみ要する課税仕入れ等の税額

　　B……課税資産の譲渡等とその他の資産の譲渡等に共通して要する課税仕入れ等の税額

⑵　一括比例配分方式

　　課税仕入れ等の税額×課税売上割合＝控除対象仕入税額

　　なお，課税売上割合とは，下記の割合をいいます。

$$課税売上割合＝\frac{課税売上高}{課税売上高＋非課税売上高}$$

2　課税売上割合に準ずる割合の承認申請

⑴　たまたま土地の譲渡があった場合

　　土地や借地権等の非課税資産を譲渡した場合には，一時的に課税売上割合が減少し，控除対象仕入税額が減少してしまうことがあります。

　　しかし，たまたま土地の譲渡等があったことにより一時的に課税売上割合が減少する場合には，「課税売上割合に準ずる割合の承認」を受けることにより下記のいずれか低い課税売上割合によって，土地の譲渡をした課税期間の控除対象仕入税額を計算することができます（消法30③）。

①　前課税期間の課税売上割合

②　当該土地の譲渡があった課税期間の前3年に含まれる課税期間の通算課税売上割合

　　上記の割合は，適用を受けようとする課税期間の末日までに承認申請書を税務署に提出し，同日の翌日以後1月を経過する日までに承認を受ける必要があります。

⑵　たまたま土地の譲渡があった場合とは

　　たまたま土地の譲渡があった場合とは，下記の二つを満たす場合をいいます。

①　事業者の営業の実態に変動がない場合

②　過去3年間で最も高い課税売上割合と最も低い課税売上割合の差が5％以内である場合

Ⅳ 非上場株式等の譲渡（個人）

1 非上場株式の譲渡に係る所得税等

Q30

個人が非上場会社の株式を譲渡した場合における，所得税・住民税の取扱いを教えてください。

Point

- 非上場株式の譲渡所得に対しては，所得税（15.315％）及び住民税（5％）が課される。
- 譲渡損が生じた場合，他の非上場株式の譲渡による譲渡益との相殺はできるが，他の所得と損益通算することはできない。
- 譲渡益が生じた場合，譲渡した年の翌年3月15日までに確定申告をする必要がある。

A 1 課税の対象

　譲渡所得は，資産が保有者の手を離れる時に，所有期間中の保有資産の値上り益が実現したものとして計算される所得（キャピタルゲイン）です。

　課税上の譲渡所得は，資産の譲渡による収入金額から取得費及び譲渡費用を控除して計算されます。非上場会社の株式（以下「非上場株式」といいます）を譲渡した場合には，当該譲渡所得に対し所得税等が課されます（措法37の10）（図表3－16）。

2 税　　率

　非上場株式の譲渡による所得については，他の所得（事業所得・不動産所得・給与所得等の超過累進税率が適用される所得及び不動産等の譲渡所得）と

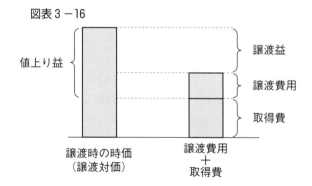

図表3-16

値上り益

譲渡益

譲渡費用

取得費

譲渡時の時価
（譲渡対価）

譲渡費用
＋
取得費

分けて株式分離譲渡所得として所得税及び住民税（以下「所得税等」といいます）が課されます。

　非上場株式の株式分離譲渡所得に対する所得税等の税率は，所得税が15.315%，住民税が5％です。ただし，保有する資産の大部分が土地である非上場会社の株式の譲渡（以下「土地の譲渡に類似する株式の譲渡」といいます）については，土地そのものの譲渡と同一視し，短期所有の不動産等の譲渡による所得とみなして所得税等（所得税30.63%，住民税9％）が課されます（措法32②）。「土地の譲渡に類似する株式の譲渡」とは，下記のような法人の株式又は出資の譲渡をいいます。

①　時価総資産のうちに短期所有土地等[注]の時価の合計額の占める割合が70％以上である法人の株式の譲渡

②　時価総資産のうちに所有土地等の時価の合計額の占める割合70％以上である法人の株式について，その株式の取得後短期間[注]のうちに行われる譲渡

　（注）　土地等又は株式の所有期間がその年1月1日において5年以下のもの

3　内部通算・損益通算

⑴　他の株式等の譲渡益との内部通算

　非上場株式の譲渡において，譲渡による収入金額から取得費及び譲渡費用を差し引いた金額がマイナスになる場合（譲渡損失が生じる場合）には，当該譲渡損失を同一年に生じた他の非上場株式の譲渡益と相殺します。同一年内における相殺をしても相殺しきれない譲渡損失については，上場株式等の譲渡益と

相殺できず，また，上場株式等の譲渡損失についても，非上場株式の譲渡益と相殺できません。つまり，非上場株式の譲渡損益と上場株式等の譲渡損益については，相殺できません。

(2)　非上場株式の譲渡所得以外の所得との損益通算

　(1)の損益の相殺後，なお相殺しきれない非上場株式の譲渡による損失については，他の所得（事業所得・不動産所得・給与所得等）との損益通算はできません。

4　確定申告及び納付

(1)　所　得　税

　株式分離譲渡所得がある場合には，譲渡した年の翌年2月16日から3月15日までの間に確定申告を行い，所得税を納付することになります。譲渡損が生じた場合には，確定申告を行う必要はありません（所法120）。

(2)　住　民　税

　住民税については，(1)で計算された所得に基づいて，市区町村にて税額が計算され，譲渡した年の翌年6月頃に納付書が届きます。この納付書に基づき，4回（6月・8月・10月・翌年1月）に分割して住民税を納付することになります。

　なお，給与所得者については，所得税の確定申告を行う際に選択することにより，毎月の給与から住民税を天引き（特別徴収）して納付することも可能です。

2 非上場株式の譲渡に係る収入金額

Q31
どのようなものが非上場株式の譲渡による収入金額に含まれますか？

Point

● 一般的には，買主から受け取る金銭の額が収入金額となる。

● 金銭に代えて金銭以外の物や権利により受け取る場合には，金銭以外の物や権利を受け取る時における価額も収入金額に含まれる。

A 1 譲渡による収入金額

株式等の譲渡をした場合における収入金額は，当該株式等の譲渡の反対給付として受け取った一切の金銭等の額をいいます。受け取った一切の金銭等の額とは，基本的には，譲渡契約書に記載された金額をいいます。なお，株式の発行法人が，合併・分割などの組織再編や，解散をしたことにより金銭等の交付を受けた場合においても，株式等の譲渡とみなして譲渡収入を認識することがあります（所法36①）。

2 金銭以外の物や権利による収入金額

株式等の譲渡代金の支払いは通常金銭の授受により行われますが，金銭以外の物や権利を対価とする取引であっても，株式等の譲渡として所得が認識されます。「金銭以外の物や権利を対価とする取引」とは，例えば，非上場株式を譲渡し，その対価として他の資産を譲り受ける「資産を交換する取引」や，借入金等の債務を引き継ぐことを条件に非上場株式等を譲渡する「負担付贈与取引」がこれに該当します。「金銭以外の物や権利を対価とする取引」が行われた場合における収入金額については，**Q18**の2をご参照ください。

3 非上場株式の譲渡に係る取得費

Q32

非上場株式の譲渡に係る取得費は，どのように計算されますか？

Point

- 非上場株式の購入対価の額に，購入のために支払った付随費用を加算した金額が取得費となる。
- 同一銘柄の株式を複数回にわたって購入した場合の1株当たりの取得費は，総平均法に準ずる方法により計算する。
- 相続や贈与（限定承認による相続及び法人からの贈与を除く）により取得した株式の取得費は，被相続人等の取得費を引き継ぐ。
- 取得費が不明な場合には，収入金額の5％を取得費として計算することができる。
- 相続等により取得した株式等を一定期間内に譲渡する場合には，「取得費加算の特例」の適用がある。

A 1 株式等の購入費用等

　取得費とは，売却する株式等の取得をするために要した金額をいいます。株式等の取得をするために要した金額とは，株式等の取得形態に応じて下記のとおりとなります（所法48，所令109）。

① 金銭の払込みにより取得した場合……払い込んだ金額

② 購入により取得した場合……購入対価及び購入のための付随費用の合計額
　　購入のための付随費用の額とは，株式等を購入するに当たって支出した株価算定費用や譲渡契約書手数料（消費税及び地方消費税を含みます），交通費，通信費，名義書換料等をいいます。

③ その他，代償分割等により取得した場合……取得時における取得した株式等の時価等

2 同一銘柄の株式を複数回にわたって取得した場合

同一銘柄の株式を複数回にわたって取得した場合における，譲渡した株式に係る1単位当たりの取得費は，総平均法に準ずる方法により計算します。総平均法に準ずる方法とは，譲渡の都度，保有している同一銘柄の株式の取得価額の1単位当たりの平均額を取得費とする方法で，下記の算式により算定します（所法48③，所令118）。

譲渡時の保有有価証券の取得価額の合計額÷譲渡時の保有有価証券の数
＝1単位当たりの取得費（1円未満切上げ）

具体例 甲社株式に係る取引

取引年	取引	株数	保有株式数	取得費	取得価額合計
X1年	取得	300	300	45,000	45,000
X2年	取得	200	500	40,000	85,000
X3年	譲渡	△150	350	（※1）△25,500	59,500
X4年	取得	50	400	5,000	64,500
X5年	譲渡	△300	100	（※2）△48,600	15,900

① X3年の譲渡時の取得費

85,000円 ÷ 500株 ＝ 170円／株

170円 × 150株 ＝ 25,500円（※1）

② X5年の譲渡時の取得費

64,500円 ÷ 400株 ＝ 162円／株

162円 × 300株 ＝ 48,600円（※2）

3 相続や贈与により取得した株式の取得費（取得費の引継ぎ）

相続や贈与により取得した株式については，被相続人や贈与者がその株式等を引き続き所有していたとした場合に算定される取得費が，譲渡をする者の取得費となります（所法60①一）。

代々受け継いできた非上場株式等でも，株主異動推移表等により異動状況を

確認することによって取得費が判明することがあります。創業者から代々受け継いできた株式で過去に売買実績がなく，組織再編や株式の分割又は併合もなかった株式については，創業者が払い込んだ金額が取得費になります。

　ただし，相続や贈与により取得した株式等であっても，限定承認による相続・遺贈及び法人からの贈与により取得した資産については，その性質上，異なる取扱いがされます（**Q20**の 2 参照）。

4　取得費が不明な場合

　古くから保有する株式等で取得費が不明な場合や，上記 1 ～ 3 による取得費が譲渡による収入金額の 5 ％を下回る場合には，譲渡による収入金額の 5 ％相当額（概算取得費）を取得費とすることができます（措通37の10－13）。

5　「取得費加算の特例」の適用

　相続税の課税の対象となった資産を相続税の申告期限後 3 年以内に譲渡する場合には，相続税の一部を取得費に加算することができます（**Q24**の 2 参照）。

　相続前から保有していた株式等と同一銘柄の株式を相続により取得し，その後，その株式の一部の譲渡等をした場合には，相続等により取得したものから譲渡等したものとして，取得費加算の特例を受けることができます（措通39－12）。

4 株式等の譲渡に係る譲渡費用

Q33
どのようなものが，譲渡費用として認められます
か？

Point

- 株式等を売却するために直接かつ通常必要な費用が譲渡費用と
なる。
- 譲渡に際して支払った費用であっても，仮に譲渡がなかったと
した場合でもいずれは支払わなければならない費用は，譲渡費
用とはならない。

A 1 譲渡費用

　譲渡費用とは，資産の譲渡をするために直接かつ通常必要な費用をいいます。
譲渡所得以外の各種所得に係る必要経費が，発生の都度，すなわち，債務の確
定時に費用に算入されるのに対し，譲渡費用は発生時期にかかわらず，資産の
譲渡時期に費用として計上されます。

2 譲渡費用となるもの・ならないものの具体例

(1) 譲渡費用となるもの

　譲渡費用に該当するものとしては，下記のような支出があります。

① 各種手数料……株式等を譲渡するために支出した株価算定費用や譲渡契約
書作成手数料（消費税及び地方消費税を含みます）

② 借入金の利子……譲渡年における譲渡した株式の取得に係る借入金に係る
利子で，保有期間に対応するもの（措通37の10－15）（図表 3 －17）

図表 3－17

(2) 譲渡費用とならないもの

　遺産分割のために支出した弁護士費用等は，譲渡がなかったとした場合でも，いずれは支払わなければならない費用であるため，譲渡に際して支出されるものであったとしても譲渡費用には該当しません。

発行法人に非上場株式を譲渡した場合

Q34

親族が経営する非上場株式を，発行法人である当該親族の会社に買い取ってもらった場合における課税関係を教えてください。

Point

- 譲渡対価のうち一部については，配当金の支払いを受けたものとみなして，所得税等が課される。
- 譲渡対価のうち配当金の支払いとみなされなかった部分は，株式の譲渡収入として取り扱い，当該譲渡所得に対し所得税等が課される。
- 発行法人への譲渡が相続開始後一定期間内である場合には，通常の株式譲渡と同様の所得税等が課される。

A 1 みなし配当

(1) みなし配当

　内部留保利益（利益積立金）がある会社が，その利益積立金の一部を資本の払戻し等の方法により株主に金銭等を交付したときは，その払戻しは配当金と同一の性質を有するものと捉え，株主が受け取った払戻金額のうち利益積立金に対応する部分を配当金とみなして所得税等が課されます。税務上，会社が自己株式を取得するという行為も，この資本の払戻し等に含まれます。したがって，発行法人に株式を譲渡した場合には，譲渡収入のうち利益積立金からなる部分については，配当金とみなして課税されます（図表3-18）。

　なお，みなし配当金額は，下記の算式により計算されます。

みなし配当金額＝譲渡対価－譲渡株式に対応する資本金等の額(注)

（注）譲渡株式に対応する資本金等の額＝$\dfrac{資本金等の額}{発行済株式数}×譲渡株式数$

図表 3 −18

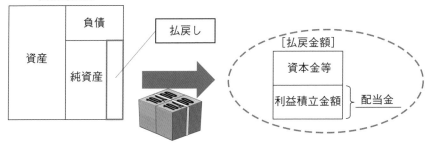

貸借対照表

⑵ 課 税 方 法

　みなし配当は，配当所得として他の所得（事業所得・不動産所得・給与所得
等）と合算し，超過累進税率により所得税等が課されます。配当所得について
は，一定金額について税額控除（配当控除）を受けることができますが，その
年における課税所得が4,000万円を超える場合には，配当控除後で49.44％（所
得税40.84％・住民税8.6％）の所得税等が課されます。ただし，みなし配当の
金額が10万円以下の場合には，申告不要を選択し課税所得に含めないことがで
きます。

　なお，非上場会社の配当については，支払いを受ける際に源泉徴収（20.42％）
がされますが，みなし配当についても源泉徴収が必要です。

2　みなし配当課税が行われた場合の株式の譲渡所得

　みなし配当が生じた場合には，発行法人から受ける譲渡対価からみなし配当
金額を控除した金額（＝資本金等の額）を株式の譲渡による収入金額として株
式の譲渡所得を計算し，当該譲渡所得に対し20.315％（所得税15.315％，住民
税5％）の所得税等が課されます。なお，譲渡所得の計算上控除する株式の取
得費及び譲渡費用は，通常の譲渡と同様に算定されます（**Q32**，**Q33**参照）。

　ただし，譲渡した株式に係る借入金利子がある場合には，当該借入金利子を，
下記の算式により按分し，譲渡所得の金額の計算上控除する負債の利子を算定
することとされています（措通37の10−16）。

図表3-19

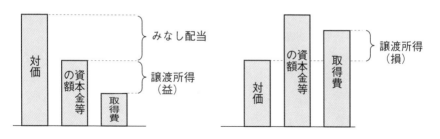

$$\text{譲渡した株式に}_{\text{係る借入金の利子}}\times\frac{\text{株式等に係る譲渡所得(利子控除前)}}{\text{みなし配当による}_{\text{収入金額}}+\text{株式等に係る譲渡}_{\text{所得(利子控除前)}}}$$

3 みなし配当課税の特例

⑴ みなし配当課税の不適用

　相続等により取得した株式を譲渡した場合も，みなし配当課税の対象となり，配当所得に対し最大49.44％（配当控除後）の所得税等が課されます。みなし配当として所得税等が課されると，手取額が大幅に減少するため，相続した株式の発行会社への譲渡による相続税納税資金の調達等が困難になってしまいます。そこで，納税資金の確保の観点から，相続等（相続時精算課税や相続開始前3年以内に被相続人から贈与を受けた資産で相続税の課税の対象となった資産についても含まれます）により取得した非上場株式を相続開始後3年10か月以内に譲渡した場合には，みなし配当課税は行われず，通常の株式の譲渡と同様に所得税等が課されることとされています（**Q30**参照）。

⑵ 手続き

　この特例を受ける場合には，下記の手続きが必要です。

① 発行法人に相続をした非上場株式の譲渡をする相続人等

　⑷ 届出書の提出

　　相続をした非上場株式の譲渡日までに発行法人に「相続財産に係る非上場株式をその発行会社に譲渡した場合のみなし配当課税の特例に関する届出書」を提出しなければなりません。

㊀　確 定 申 告

　譲渡した年の翌年2月16日から3月15日までの間に確定申告をする必要があります。確定申告書には，相続税の申告書の写し及び株式等に係る譲渡所得等の金額の計算明細書等（取得費加算の特例の適用を受ける場合には「相続財産の取得費に加算される相続税の計算明細書」）を添付する必要があります。

②　株式を譲り受けた発行法人

　「相続財産に係る非上場株式をその発行会社に譲渡した場合のみなし配当課税の特例に関する届出書」の提出を受けた発行法人は，株式を譲り受けた日の属する年の翌年1月31日までに当該届出書を発行法人の本店又は主たる事務所の所轄税務署長に提出し，提出した届出書の控え（写し）を5年間保存する必要があります。

Ⅴ 非上場株式等の譲渡（法人）

1 非上場株式の譲渡に係る法人税等

Q35
法人が非上場株式を譲渡した場合の課税関係を教えてください。

> **Point**
>
> - 法人が非上場株式を譲渡した場合の課税関係は譲渡を受ける相手によって異なるが，いずれの場合においても，他の所得と合算して法人税等が課税される。
> - 法人が株式を譲渡した相手が，個人又はその株式の発行法人以外の法人である場合には，「株式の譲渡損益」として他の所得と合算され，法人税等が課税される。
> - 法人が株式を譲渡した相手がその株式の発行法人である場合には，株式の売却価額のうち発行法人の資本金等の額に対応する部分は「資本の払戻し」，売却価額から資本金等の額を控除した部分は「みなし配当」となる。
> - 資本金等の額から取得価額を控除した額は「株式の譲渡損益」として法人税等が課税される。「みなし配当」として課税される部分については，受取配当等の益金不算入の適用がある。
> - 株式の譲渡法人と譲受法人との間に完全支配関係がある場合には，株式の譲渡対価の額と譲渡原価の額が同額とされ，譲渡損益は計上しない。

Ａ 1 個人に非上場株式を譲渡した場合

法人が株式を譲渡した相手が個人である場合，株式の譲渡損益は他の所得と

合算され，法人税等が課税されます。

2　発行法人以外の法人に非上場株式を譲渡した場合

　法人が株式を譲渡した相手が発行法人以外の法人である場合，株式の譲渡損益は他の所得と合算され，法人税等が課税されます。

　ただし，株式を譲渡した相手との間に完全支配関係がある場合には，株式の譲渡損益は繰り延べられ，法人税等は課税されません（法法61の13①）。

　完全支配関係とは，次のいずれかに該当する関係をいいます（次頁図表3－20）。

① 　一の者が法人の発行済株式の全部を直接又は間接に保有する関係

② 　一の者との間に当事者間の完全支配関係がある法人相互の関係

3　発行法人に非上場株式を譲渡した場合

(1)　課 税 関 係

　法人が株式を譲渡した相手が，その株式の発行法人である場合には，株式の売却価額のうち発行法人の資本金等の額に対応する部分は「資本の払戻し」，売却価額から資本金等の額を控除した部分は「みなし配当」となります。

(2)　資本の払戻しに対する課税

　資本金等の額から取得価額を控除した部分は「株式の譲渡損益」として課税されます。

(3)　みなし配当に対する課税

　「みなし配当」も他の所得と合算され，法人税等が課税される点では「株式の譲渡損益」と同様ですが，受取配当等の益金不算入の適用がある点に違いがあります。

　受取配当等の益金不算入とは，国内における法人間の二重課税を排除するため，法人が受け取った配当等のうち一定の金額を税務上の益金不算入とし，法人税等の課税対象から除く制度です。

　受取配当等がある場合，配当等を支払った会社との関係性により，次のいずれかの金額が益金不算入とされます。

① 　完全子法人株式等^(注1)……受取配当等の額の全額

図表 3 −20　完全支配関係の具体例

パターン 1

```
完全支配関係
```

甲社

│100%

乙社

│100%

丙社

甲社と乙社，乙社と丙社，甲社と丙社はいずれも
完全支配関係がある法人に該当

パターン 2

```
完全支配関係
```

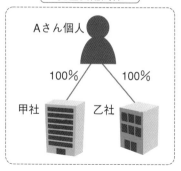

Aさん個人

100%　　100%

甲社　　乙社

甲社と乙社は，Aさんに発行済株式の全て
を保有されている。
したがって，甲社と乙社は完全支配関係が
ある法人に該当

パターン 3

```
完全支配関係
```

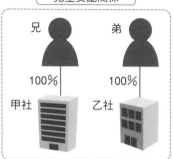

兄　　　弟

100%　　100%

甲社　　乙社

甲社は兄に，乙社は弟に発行済株式の全て
を保有されている。
株主が個人である場合には，親族（6親等
の血族及び3親等の姻族）を含めて判定。
したがって，甲社と乙社は完全支配関係が
ある法人に該当

② 関連法人株式等^(注2)……受取配当等の額－負債利子の額

③ その他の株式等（①②及び④以外）……受取配当等の額×50％

④ 非支配目的株式等^(注3)……受取配当等の額×20％

　（注１）　完全子法人株式等とは，配当等の額の計算期間を通じて内国法人との間に完全支配関係があった他の内国法人の株式等をいいます。完全支配関係については，下記(4)をご参照ください。

　（注２）　関連法人株式等とは，発行済株式等の３分の１超を配当等の基準日以前６月以上保有している株式等をいいます。

　（注３）　非支配目的株式等とは，発行済株式等の５％以下を配当等の基準日において保有している株式等をいいます。

　個人の場合には，みなし配当に該当すると最高49.44％（配当控除後）で所得税等が課税されますが，法人の場合にはみなし配当に該当すれば受取配当等の益金不算入の適用があるため，税負担が軽くなります。

(4)　**グループ法人税制が適用になる場合**

　株式の譲渡法人と譲受法人との間に完全支配関係がある場合には，株式の譲渡対価の額と譲渡原価の差額は資本金等の額とし，譲渡損益は計上しません。

第 4 章

税務上の時価

Ⅰ 不 動 産

1 親族間で不動産を譲渡する場合の時価

Q36

個人である親族間で不動産を譲渡する場合の税務上問題が生じない譲渡価額について教えてください。

Point

- 親族間（個人間）で不動産を譲渡する場合の税務上問題が生じない譲渡価額は，通常の取引価額である。
- 税務上，通常の取引価額の算定方法は定められていない。
- 一般的に，類似する近隣の売買実例価額，地価公示価格に基づく評価額，不動産鑑定評価額などが，通常の取引価額と考えられる。

A 1 親族間で不動産譲渡をする場合の譲渡価額

相続税個別通達「負担付贈与又は対価を伴う取引により取得した土地等及び家屋等に係る評価並びに相続税法第7条及び第9条の規定の適用について」（直評5，直資2－204 平元.3.29）に，個人間で不動産を譲渡した場合の取扱いが定められています。親族間（個人間）で不動産の譲渡を行う場合の税務上問題が生じない不動産の譲渡価額は，通常の取引価額です。

通常の取引価額とは，不特定多数の者との自由な取引において成立する客観的な交換価値であり，一般的には，譲渡した不動産と類似する近隣の不動産の売買実例価額，地価公示価格に基づく不動産評価額及び不動産鑑定士が算定する不動産鑑定評価額などがあります。親族間での取引といえども，言い値で不動産の対価を決めるのではなく，第三者間でその不動産の取引を行った場合に

成立するであろう価額，すなわち通常の取引価額を参考に譲渡価額を決める必要があります。

2 相続税評価額による不動産の譲渡

前述のとおり，親族間（個人間）で不動産を譲渡した場合の税務上問題が生じない譲渡価額は通常の取引価額です。一般的には，この通常の取引価額には財産評価基本通達に基づいて評価した価額（以下「相続税評価額」といいます）は含まれません。過去の裁判例において，相続税評価額で不動産を譲渡した場合でも，著しく低い対価とはいえず贈与税課税がなされなかった判決（**Q 57参照**）がありますが，全てのケースに当てはめられるとはいえません。相続税評価額で不動産譲渡を行う場合には，その後の税務調査において上記相続税個別通達に基づき問題視される可能性がありますので，注意が必要です。

3 通常の取引価額の求め方

税務上，通常の取引価額の算定方法は定められていませんので，親族間での不動産譲渡における譲渡価額の決定については，迷うことが少なくありません。一般的に採用されている通常の取引価額の算定方法は以下のとおりです。

⑴ 不動産鑑定評価に基づく算定方法

不動産鑑定士が不動産鑑定評価基準等に基づき算定する不動産の評価額です。各地の不動産鑑定士協会，不動産業者，顧問税理士などから不動産鑑定士を紹介してもらえる場合があります。

⑵ 類似する近隣の売買実例価額に基づく算定方法

近隣の実際に売買が成立した成約価格のうち，譲渡する不動産と類似する成約価格を，その譲渡価額とする方法です。成約価格の情報は不動産業者から取得できる場合もあります。不動産業者に知合いがいないなど成約価格が取得できない場合には，国土交通省の「土地総合情報システム」で不動産取引価格（売買実例価額）を検索することができます[注]（https://www.land.mlit.go.jp/webland/）。

公表されている不動産取引価格は，取引当事者へのアンケートにより調査された実際の成約価格です。そのため，譲渡する不動産と条件が全く同じではないので，その成約価格とその譲渡する不動産の価額が一致するとは限りません。

（注）　令和3年8月現在，国土交通省のホームページに公表されている情報です。

⑶　地価公示価格に基づく算定方法

　地価公示価格を基準に不動産の譲渡価額を決める方法です。地価公示価格は調査した年の1月1日現在の標準的な土地（標準地）の正常な価格（売手・買手のそれぞれの特殊な事情などが取り除かれた，自由な取引において通常成立すると考えられる価格）であり，更地として評価しています。

　地価公示価格は上記⑵の「土地総合情報システム」で調べることができます。

　例えば，譲渡対象地と地価公示価格が公表されている土地（地価公示標準地）の形状などがほぼ同じ条件の場合，図表4－1に掲げるような計算により地価公示価格に基づく譲渡価額を算定することができるものと考えます。

図表4－1

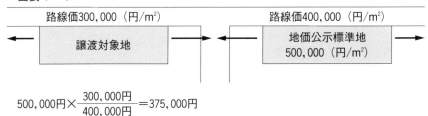

$$500,000円 \times \frac{300,000円}{400,000円} = 375,000円$$

　地価公示価格50万円を地価公示標準地が所在する路線価40万円で除し，その除した金額に譲渡対象地が所在する路線価30万円を乗じて計算します。

　ただし，両者の土地の形状などの条件が異なる場合には，土地の補正等が必要になることもありますので注意が必要です。

⑷　相続税評価額に1.25を乗じた算定方法

　路線価地域に所在する土地の相続税評価額に1.25を乗じた価額を基準に不動産の譲渡価額を決める方法です。相続税評価額は「路線価×奥行価格補正率等×面積」で計算します。路線価が地価公示価格のおよそ80%ですので，路線価を地価公示価格に戻す計算（1÷0.8＝1.25）として1.25を乗じます。

　通常の取引価額を決定するに当たり，不動産鑑定士に不動産鑑定評価を依頼できるのであればその価額を用いて不動産を譲渡することが望ましいのですが，費用がかかることですし，親族間で不動産取引する際には不動産鑑定評価を依頼し難い事情もあるかもしれません。

　親族間（個人間）での不動産譲渡取引は，法人の取引とは異なり（法人との譲渡取引については**Q37**参照），それほど厳しく利益獲得を追及していないことが想定されます。また，近隣の類似する売買実例価額（上記(2)）や地価公示価格（上記(3)）との詳細な比較（すなわち立地条件，権利関係，周辺環境等を考慮したらいくらになるか）が難しいことから，比較的簡便に評価できる相続税評価額に1.25を乗じた評価額（上記(4)の算定方法）が，近隣の類似する売買実例価額や地価公示価格と大きくかい離しないようであれば，その価額が通常の取引価額と認められるものと考えます。

　しかし，その不動産の譲渡について，次のような場合には，上記の計算によらず，不動産鑑定評価額を取得するなどし，慎重に譲渡価額を決定する必要があります。

①　譲渡する不動産の参考価格がない場合……近隣の類似する売買実例価額や地価公示価格がない，もしくはそれらの価格と大きくかい離していると見込まれる，又は，地価変動が大きい地域に所在している場合など

②　税金負担が軽減される場合……不動産を譲渡することにより，買手又は売手のいずれかが利益を受け，あるいは税金負担が軽減されるなど

2 個人・法人間で不動産を譲渡する場合の時価

Q37

同族会社の出資者である個人から同族会社に不動産を譲渡する場合の税務上問題が生じない譲渡価額について教えてください。

Point

- ●同族会社に不動産を譲渡する場合の税務上問題が生じない譲渡価額は通常の取引価額である。
- ●個人よりも不動産の譲渡価額について厳格な算定が求められる。
- ●税務上，通常の取引価額の算定方法は定められていない。
- ●一般的に，類似する近隣の売買実例価額，地価公示価格に基づく評価額，不動産鑑定評価額などが，通常の取引価額と考えられる。

A 1 同族会社に不動産譲渡をする場合の譲渡価額

法人は利益獲得を目的とした組織であるため，不動産の譲渡取引を含めた一つ一つの取引について，もうけ（利益）が出るよう行動することを前提としています。

また，株主の大半が親族で占める同族会社に不動産を譲渡する際，譲渡価額によっては，買手又は売手のいずれかが利益を受けたり，税金負担が軽減されることがあり，同族でない会社の取引に比べて恣意性が介入しやすいと考えられる傾向にあります。そのため税務上においても，法人が不動産を無償又は時価よりも低い価額で譲り受けた場合にはその価額又はその差額を収益とし，また，時価よりも高い価額で譲り受けた場合にはその差額を寄附とする取扱いが定められています。例えば，通常10億円で売買がされている不動産を1億円で

売買した場合には買手が9億円の利益を受け，その9億円に対し法人税が課されます。反対に，売手は9億円を買手に寄附をした（利益を受けさせた）と考えます。寄附金のうち一定の限度額を超えた部分は損金不算入となり，法人税が課されます。上述のような通常10億円で売買される不動産を1億円で売買する行為は，よほどの事情がない限り，第三者間の取引では成立しません。同族会社とその出資者の関係であるからこそ成立する取引であると考えられ，その取引を行うことによりその同族会社又はその出資者のいずれかが利益を受けていると見られてしまいます。

　同族会社の出資者である個人（又は出資者の親族）から同族会社に不動産の譲渡を行う場合には，言い値で不動産の譲渡価額を決めるのではなく，第三者間でその不動産の取引を行った場合に成立するであろう価額，すなわち通常の取引価額を参考に譲渡価額を決めるべきであり，その価額が税務上問題が生じない不動産の譲渡価額といえます（法法22，37）。

2　通常の取引価額の求め方

　通常の取引価額とは，不特定多数の者との自由な取引において成立する客観的な交換価値であり，一般的には，譲渡した不動産と類似する不動産の売買実例価額，地価公示価格に基づく不動産評価額及び不動産鑑定士が算定する不動産鑑定価額などがあります。税務上，通常の取引価額の算定方法は定められていませんので，個人・法人間での不動産譲渡における譲渡価額の決定については迷うことが少なくありません。一般的に採用されている通常の取引価額の算定方法は以下のとおりです（算定方法の説明は**Q36**参照）。

① 　不動産鑑定評価に基づく算定方法
② 　類似する近隣の売買実例価額に基づく算定方法
③ 　地価公示価格に基づく算定方法
④ 　相続税評価額に1.25を乗じた算定方法

　通常の取引価額を算定するに当たり，不動産鑑定士に不動産鑑定評価を依頼できるのであればその価額を用いて不動産を譲渡することが望ましいものと考えます。その理由として，不動産を譲渡した後に税務調査が入ったとしても，

その価額について不動産鑑定書という第三者による客観的根拠があり，恣意性のない通常の取引価額であることを説明しやすいからです。

　不動産鑑定評価によらない場合には，類似する近隣の売買実例価額（上記②の算定方法），地価公示価格（上記③の算定方法），相続税評価額に1.25を乗じた価額（上記④の算定方法）を総合的に斟酌し不動産譲渡価額を決定する方法も考えられます。

　ただし，不動産を譲渡した後，税務調査があることに備え，その譲渡価額が恣意性のない通常の取引価額であると説明できるよう，譲渡価額の算定方法，売買実例価額及び地価公示価格を選定した理由など（売買実例価額が譲渡する不動産の面積，立地，周辺状況等がほぼ同じなど）を整理しておくことが必要です。

Ⅱ 非上場株式

1 非上場株式の税務上の時価

Q38

非上場株式の税務上の時価について教えてください。

Point

- 税法上の時価は，客観的交換価値と解釈されている。
- 客観的交換価値の把握が困難な場合には，所得税・法人税・相続税の各基本通達の定めに従って非上場株式の時価を算定する。
- 非上場株式の税務上の時価の算定に当たって従うべき通達は，売手と買手の組合せによって異なる。

A 1 税務上の時価の解釈

　税法上，時価は客観的交換価値と解釈されています。

　ここでいう客観的交換価値とは，不特定多数の当事者の間で自由な取引が行われる場合に通常成立すると認められる価格とされており，市場価格や純粋な第三者間における公正な取引価格であると考えられます。

　しかし，一般的に非上場株式を自由に取引するような市場は存在せず，市場価格の把握は困難です。また，過去に取引事例があったとしても，親族間での取引のような特別の利害関係をもったもの同士の取引が多く，純粋な第三者間における公正な取引価格の把握も困難です。

2 非上場株式の税務上の時価

　このように非上場株式の客観的交換価値を把握することは非常に困難である

ことから，所得税・法人税・相続税の各基本通達において非上場株式の時価の算定方法が定められています。したがって，実務上，親族間で非上場株式を譲渡する場合の税務上の時価を算定するときは，多くはこれらの基本通達を用いています。

なお，通達の定めに従って算定した時価に合理性がない場合は，通達の定めではなく他の合理的な方法により時価を算定する必要があります。

3　時価算定の際に適用される通達

非上場株式の時価の算定方法は，所得税・法人税・相続税のそれぞれの基本通達に定められていますが，どの通達を適用するかは売手と買手が個人か法人かによって異なります。したがって，非上場株式の時価を算定する場合には取引に適用される税法に応じた，適切な基本通達を選択する必要があります。

売手と買手の組合せと，各基本通達の適用関係は図表4－2のとおりです。

図表4－2

No.	取引者		考慮すべき時価	算定方法が規定された基本通達
1	売手	個人	相続税法上の時価	評基通178以下
	買手	個人		
2	売手	個人	所得税法上の時価	所基通23～35共－9，59－6
	買手	法人	法人税法上の時価	法基通9－1－13，9－1－14
3	売手	法人	法人税法上の時価	法基通9－1－13，9－1－14
	買手	個人	所得税法上の時価	所基通23～35共－9，59－6
4	売手	法人	法人税法上の時価	法基通9－1－13，9－1－14
	買手	法人		

2 各税法における時価

Q39
各税法における時価の概要について教えてください。

Point

- 相続税法上の時価は，同族株主等に該当する場合は原則的評価方法，それ以外の株主等に該当する場合は特例的評価方法により算定する。
- 所得税法上の時価は，一定の条件に従うならば，相続税法上の時価の算定方法に準じて算定することができる。ただし，個人から法人へ非上場株式を売却する際の同族株主等の判定は取引直前の議決権の数による。
- 法人税法上の時価は，一定の条件に従うならば，相続税法上の時価の算定方法に準じて算定することができる。

A 1 相続税法上の時価

非上場株式の相続税法上の時価は，株主の会社に対する支配権と会社の規模に着目して算定します（評基通178以下）。算定の流れは，以下のとおりです。

(1) 同族株主等であるか否かの判定と評価方法

まず非上場株式を取得した者が同族株主等に該当するかを判定します。同族株主等とは，課税時期における評価会社の株主のうち，株主の1人とその同族関係者の有する議決権の合計数が総議決権数の30％以上である場合におけるその株主及びその同族関係者をいいます。ただし，筆頭株主グループ（最も多くの議決権を有する株主の1人及びその同族関係者のグループ）の有する議決権の合計数が50％超である場合には，その筆頭株主グループのみが同族株主等となります。ここで同族株主等に該当することとなった場合は，原則的評価方法

図表 4 - 3

会社規模		評　価　額
大会社		類似業種比準価額 又は 純資産価額
中会社	大	類似業種比準価額×0.9＋純資産価額×0.1 又は 純資産価額
	中	類似業種比準価額×0.75＋純資産価額×0.25 又は 純資産価額
	小	類似業種比準価額×0.6＋純資産価額×0.4 又は 純資産価額
小会社		類似業種比準価額×0.5＋純資産価額×0.5 又は 純資産価額

により非上場株式を評価します。それ以外の株主等となった場合には，特例的評価方法である配当還元方式により非上場株式を評価します。

　なお，同族株主等に該当しても，本人の議決権割合が5％未満でかつ一定の要件に該当する場合等，特例的評価方法が適用できることがあります。

(2)　原則的評価方法により評価する場合

　原則的評価方法によることとなった場合は，総資産価額，従業員数，取引金額をもとに評価対象会社の規模の判定をし，大会社・中会社・小会社に区分します。さらに中会社は，中会社の大・中会社の中・中会社の小に区分します。会社規模に応じた評価方法は図表4-3のとおりです。

　なお，評価対象会社が開業3年未満の会社のような特殊な会社の場合には，原則として「純資産価額方式」によって評価します。

(3)　原則的評価方法の概要

①　類似業種比準方式

　「株価を算定しようとする会社と事業内容が類似した上場会社」（以下「類似業種」といいます）の株価をもとに，「株価を算定しようとする会社」（以下

「評価会社」といいます）の1株当たり配当金額・年利益金額・簿価純資産価額を比準して株価を算定する方法です。

　具体的な算式は以下となります。算式中のＡ，Ｂ，Ｃ及びＤに入る数値は，国税庁から公表されています。

$$A \times \left[\cfrac{\cfrac{b}{B} + \cfrac{c}{C} + \cfrac{d}{D}}{3} \right] \times 0.7 \, (\text{しんしゃく割合})$$

「Ａ」＝類似業種の株価

「Ｂ」＝課税時期の属する年の類似業種の1株当たりの配当金額

「Ｃ」＝課税時期の属する年の類似業種の1株当たりの年利益金額

「Ｄ」＝課税時期の属する年の類似業種の1株当たりの純資産価額（帳簿価額によって計算した金額）

「ｂ」＝評価会社の1株当たりの配当金額

「ｃ」＝評価会社の1株当たりの利益金額

「ｄ」＝評価会社の1株当たりの純資産価額（帳簿価額によって計算した金額）

　（注）1　類似業種比準価額の計算に当たっては，ｂ，ｃ及びｄの金額は1株当たりの資本金等の額を50円とした場合の金額として計算します。

　　　　2　上記算式中のしんしゃく割合「0.7」は，中会社の株式を評価する場合には「0.6」，小会社の株式を評価する場合には「0.5」とします。

② 純資産価額方式

　純資産価額方式は，課税時期に会社を清算したものと仮定した1株当たりの純資産価額をもとに株価を算定する方法です。

$$\frac{相続税評価額による純資産価額 - 評価差額に対する法人税相当額^{(注)}}{課税時期における発行済株式数}$$

　（注）「評価差額に対する法人税相当額」は，以下の算式によって算定します。

　（相続税評価額による純資産価額 － 帳簿価額による純資産価額）×37％

③ 併用方式

　上記①及び②で算定した評価額をもとに，会社規模に応じてウエイト付けして株価を算定する方法です。

具体的には，図表4－3の中会社，小会社の欄をご覧ください。

(4) 特例的評価方法の概要

○配当還元方式

　株価を算定しようとする株式に係る配当金をもとに株価を算定する方法です。具体的な算式は以下のとおりです。

$$\frac{\text{その株式に係る年配当金額}}{10\%} \times \frac{\text{その株式の1株当たりの資本金等の額}}{50円}$$

(注) 「その株式に係る年配当金額」は，直前期末以前2年間におけるその会社の剰余金の配当金額（特別配当，記念配当等の名称による配当金額のうち，将来毎期継続することが予想できない金額を除きます）の合計額の2分の1に相当する金額を，直前期末における発行済株式数（1株当たりの資本金等の額が50円以外の金額である場合には，直前期末における資本金等の額を50円で除して計算した数）で除して計算した金額をいいます。

2　所得税法上の時価

(1) 原則的な取扱い（所基通23～35共－9）

　非上場株式を譲渡する際の所得税法上の時価は，原則として，次の区分に従って算出することとされています。

① 売買実例のあるもの……最近の売買実例のうち適正と認められるもの

② 類似する他の法人の株式の価額があるもの……当該価額に比準して推定した価額

③ 公開途上にある株式……公募等の価格を参酌した価額

④ 上記以外……純資産価額等を参酌して通常取引されると認められる価額

　非上場株式が公開途上にあるケースは少なく，また，状況が類似する他の法人を把握することは困難ですので，多くの場合，①又は④によって非上場株式の時価を算定することとなります。なお，親族間で行われた売買事例が「適正」と認められることは非常に稀ですので，①によって時価を算定するかどうかについては慎重な検討が必要です。

(2) 具体的な取扱い（所基通59－6）

　上記(1)④の「純資産価額等を参酌して通常取引されると認められる価額」に

ついては，原則として，以下の①〜④によることを条件に，財産評価基本通達によることができる旨が規定されています（ただし，課税上弊害がある場合は除きます）。一定の条件に従うこととされているのは，相続税法上の時価は財産の清算価値，すなわち静的な時価を算定するための規定であり，これを個人の経済取引における価値，すなわち動的な時価へと変換する必要があるためです。

①　「同族株主」に該当するかどうかは，譲渡直前の議決権の数により判定する。

②　「中心的な同族株主」に該当する場合には，「小会社」として評価する。ただし，類似業種比準算定時の「しんしゃく割合」は実際の会社規模を用いる。すなわち，「類似業種比準価額（しんしゃく割合は実際の会社規模）×0.5＋純資産価額×0.5」の算式で評価する。

③　土地や上場有価証券は，譲渡時点の時価で評価し直す。

④　純資産価額方式による場合には，評価差額に対する法人税相当額は控除しない。

　この通達は，個人が法人に非上場株式を売却する場合の個人側の時価の算定方法を規定しています。

3　法人税法上の時価

(1)　原則的な取扱い（法基通9－1－13）

　非上場株式を譲渡する際の法人税上の時価は，原則として，次の区分に従って算出することとされています。①において，所得税では「最近の」となっている部分が「6か月以内」となっていますが，それ以外は所得税と同様の規定となっています。

①　売買実例のあるもの……6か月以内の売買実例のうち適正と認められるもの

②　公開途上にある株式……公募等の価格を参酌した価額

③　類似する他の法人の株式の価額があるもの……当該価額に比準して推定した価額

④　上記以外……純資産価額等を参酌して通常取引されると認められる価額

(2)　具体的な取扱い（法基通 9 － 1 －14）

　　上記(1)④の「純資産価額等を参酌して通常取引されると認められる価額」に関して，課税上弊害がない限り，以下によることを条件に財産評価基本通達によることができる旨が規定されています。一定の条件に従うこととされているのは，相続税法上の時価は財産の清算価値，すなわち静的な時価を算定するための規定であり，これを法人の経済取引における価値，すなわち動的な時価へと変換する必要があるためです。

　　「同族株主」判定に関する規定がない点が，所得税と異なります。なお，法人税法上の時価の算定における「同族株主」判定は，課税上弊害がない限り譲渡後の議決権の数により判定するのが妥当であると考えられます。

①　「中心的な同族株主」に該当する場合には，「小会社」として評価する。
　　ただし，類似業種比準算定時の「しんしゃく割合」は実際の会社規模を用いる。すなわち，「類似業種比準価額（しんしゃく割合は実際の会社規模）×0.5＋純資産価額×0.5」の算式で評価する。

②　土地や上場有価証券は，譲渡時点の時価で評価し直す。

③　純資産価額方式による場合には，評価差額に対する法人税相当額は控除しない。

3 個人間で非上場株式を売買する場合 の時価

Q40
個人間で非上場株式を売買する場合の税務上の時価について教えてください。

Point

- 売手，買手ともに，相続税法上の時価が適用される。
- 買手の税務上の時価で取引をすれば，税務上の問題は生じないものと考えられる。

A 1 個人間で非上場株式を売買する場合の税務上の時価

　次頁図表4－4は，個人から個人に非上場株式を売却する際の税務上の時価をまとめたものです。図表は売手と買手の四つの組合せをまとめています。

　個人から個人に非上場株式を譲渡する場合，売手である個人側では相続税法上の時価が適用されますが，その際の時価は取引後に同族株主等となる場合には原則的評価額，それ以外の株主等となる場合には特例的評価額となります。同様に，買手である個人側も相続税法上の時価が適用されますが，取引後に同族株主等となる場合には原則的評価額，それ以外の株主等となる場合には特例的評価額となります。

2 なぜ相続税法上の時価が適用されるのか

　個人間で非上場株式を時価未満で売買をした場合，所得税法上，時価を基準とした課税関係が生じることは通常ありません。すなわち，実際の取引価格をもとに売手の所得税を計算します（これは，個人が必ずしも営利を目的として取引をするわけではないという考え方によります）。

　一方，買手側では時価と実際の取引価格の差額について贈与税が課されます。

図表4－4

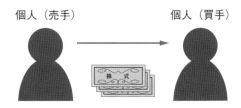

個人（売手）　　　　　　個人（買手）

【相続税法上の時価】　　【相続税法上の時価】

ケース1

	売手	買手
株主の区分	同族株主等	同族株主等
評価額（評価方法）	500円（原則的評価）	500円（原則的評価）

ケース2

	売手	買手
株主の区分	その他の株主等	その他の株主等
評価額（評価方法）	100円（特例的評価）	100円（特例的評価）

ケース3

	売手	買手
株主の区分	同族株主等	その他の株主等
評価額（評価方法）	500円（原則的評価）	100円（特例的評価）

ケース4

	売手	買手
株主の区分	その他の株主等	同族株主等
評価額（評価方法）	100円（特例的評価）	500円（原則的評価）

（注）　原則的評価額を500円，特例的評価額を100円と仮定。なお，原則的
　　　評価額＝純資産価額と仮定している。

　このように，個人間で非上場株式の売買をした場合に考慮すべき税務上の時
価は買手側の相続税法上の時価となります。したがって，図表4－4の全ての
ケースにおいて，買手側の相続税法上の時価で取引をすれば税務上の問題は生
じないものと考えられます。なお，**ケース2**，**ケース3**において，原則的評
価額で取引した場合も，税務上の問題は生じないものと考えられます。

個人から法人に非上場株式を売却
する場合の時価

Q41
　個人から法人に非上場株式を売却する場合の税務
上の時価について教えてください。

Point

● 売手である個人側では，所得税法上の時価が適用される。取引
　直前に同族株主等であった場合には原則的評価額，それ以外の
　株主等であった場合には特例的評価額となる。

● 買手である法人側では，法人税法上の時価が適用される。取引
　後に同族株主等となる場合には原則的評価額，それ以外の株主
　等となる場合には特例的評価額となる。

● 売手と買手の税務上の時価が相違する場合には，両者にどのよ
　うな課税が生じるかを把握した上で，売買価額を決定する必要
　がある。

A 1　個人から法人に非上場株式を売却する場合の税務上の時価

　次頁図表4－5は，適正な売買実例等がない場合において個人から法人に非
上場株式を売却する際の税務上の時価をまとめたものです。図表4－5中の表
は売手と買手の四つの組合せをまとめています。なお，適正な売買実例等があ
る場合については，**Q39**をご覧ください。

　個人から法人に非上場株式を譲渡する場合，売手である個人側では所得税法
上の時価が適用されます。その際，取引直前に同族株主等である場合には原則
的評価額が，それ以外の株主等である場合には特例的評価額が税務上の時価と
なります。

　一方，買手である法人側では法人税法上の時価が適用されます。その際，取

図表4－5

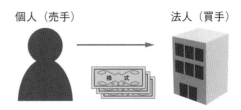

個人（売手）　　　　　　　法人（買手）

【所得税法上の時価】　　【法人税法上の時価】

ケース1

株主の区分	売手	買手
株主の区分	同族株主等	同族株主等
評価額（評価方法）	500円（原則的評価）	500円（原則的評価）

ケース2

	売手	買手
株主の区分	その他の株主等	その他の株主等
評価額（評価方法）	100円（特例的評価）	100円（特例的評価）

ケース3

	売手	買手
株主の区分	同族株主等	その他の株主等
評価額（評価方法）	500円（原則的評価）	100円（特例的評価）

ケース4

	売手	買手
株主の区分	その他の株主等	同族株主等
評価額（評価方法）	100円（特例的評価）	500円（原則的評価）

（注1）　原則的評価額を500円，特例的評価額を100円と仮定。なお，原則
　　　　的評価額＝純資産価額と仮定している。
（注2）　個人（売手）の同族株主等の判定は譲渡直前の議決権による。

引後に同族株主等となる場合には原則的評価額が，それ以外の株主等となる場
合には特例的評価額が税務上の時価となります。

2　自己株式の取得の際の時価

　自己株式の取得をする場合の売手である個人側の時価は，所得税法上の時価

となります。自己株式の取得は資本取引となりますので，原則的には買手である法人側では課税は生じません。この場合，売手の時価で取引をすれば，売手・買手は税務上の不利益を受けないものと考えられます。ただし，法人（買手）が同族会社で，法人（買手）の時価よりも低い価額で取引をする際には，株主に対する贈与税課税（相基通9－2）に留意する必要があります（**Q52**参照）。

3　個人（売手）と法人（買手）の時価が相違する場合の売買価額

　図表4－5中の表を見ると，**ケース1**，**ケース2**においては売手と買手の税務上の時価が一致していますが，**ケース3**，**ケース4**においては売手と買手の時価が相違してしまいます。このような場合，売買価額をどのように決定すればよいのでしょうか。

　売手と買手の時価が相違する場合には，まず，時価と異なる価格で売買をした場合に売手と買手でどのような課税が生じるかを把握することが重要になります。そして，課税関係をしっかりと把握した上で，売買価額を決定していく必要があります。

(1)　**ケース3**について

　売手は同族株主等であり，売手から見た株式の税務上の時価は500円です。買手はそれ以外の株主等であり，買手から見た株式の税務上の時価は100円です。

　まず，売手側から考えてみます。個人である売手が時価の2分の1未満で株式を売却した場合，時価で株式を譲渡したものとして所得税が課されます。したがって，売手の売却価額の最低ライン（すなわち，税務上不利益を受けない価額）は時価の2分の1以上である250円となります。

　一方，買手側について考えてみます。法人は営利を目的として取引をするものと考えられますから，法人である買手は時価を基準として課税され，時価よりも高い価額で株式を購入した場合，時価を超える部分については，売手に対する寄附金や役員給与とみなされます。ただし，特例的評価額はあくまで特例ですから，原則的評価額を上回らなければ寄附金等とされることはないと考えられます。したがって，買手が税務上不利益を受けない価額は，特例的評価額

である100円以上，原則的評価額である500円以下となります。

　以上より，このケースにおいて売手と買手の双方が税務上の不利益を受けないと考えられる売買価額は，250円以上500円以下となります。

⑵　**ケース4** について

　売手はそれ以外の株主等であり，売手から見た株式の税務上の時価は100円です。買手は同族株主等であり，買手から見た株式の税務上の時価は500円です。

　この場合は，買手の税務上の時価は，売手の税務上の時価の2分の1以上となっています。したがって，買手の税務上の時価である500円で譲渡すれば，税務上の問題は生じないものと考えられます。

5 法人から個人に非上場株式を売却する場合の時価

Q42

法人から個人に非上場株式を売却する場合の税務上の時価について教えてください。

Point

- 売手である法人側では，法人税法上の時価が適用される。取引後に同族株主等となる場合には原則的評価額，それ以外の株主等となる場合には特例的評価額となる。
- 買手である個人側では，所得税法上の時価が適用される。取引後に同族株主等であった場合には原則的評価額，それ以外の株主等であった場合には特例的評価額となる。
- 売手と買手の税務上の時価が相違する場合には，両者にどのような課税が生じるかを把握した上で，売買価額を決定する必要がある。

A 1 法人から個人に非上場株式を売却する場合の税務上の時価の概要

　次頁図表4－6は，適正な売買実例等がない場合において法人から個人に非上場株式を売却する際の税務上の時価をまとめたものです。図表4－6中の表は売手と買手の四つの組合せをまとめています。なお，適正な売買実例等がある場合は，**Q39**をご覧ください。

　法人から個人に非上場株式を譲渡する場合，売手である法人側では法人税法上の時価が適用されます。その際，取引後に同族株主等となる場合には原則的評価額が，それ以外の株主等となる場合には特例的評価額が税務上の時価となります。

図表 4 - 6

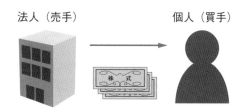

法人（売手）　　　　　　個人（買手）

【法人税法上の時価】　　【所得税法上の時価】

ケース1

	売手	買手
株主の区分	同族株主等	同族株主等
評価額（評価方法）	500円（原則的評価）	500円（原則的評価）

ケース2

	売手	買手
株主の区分	その他の株主等	その他の株主等
評価額（評価方法）	100円（特例的評価）	100円（特例的評価）

ケース3

	売手	買手
株主の区分	同族株主等	その他の株主等
評価額（評価方法）	500円（原則的評価）	100円（特例的評価）

ケース4

	売手	買手
株主の区分	その他の株主等	同族株主等
評価額（評価方法）	100円（特例的評価）	500円（原則的評価）

（注）　原則的評価額を500円，特例的評価額を100円と仮定。なお，原則的
　　　評価額＝純資産価額と仮定している。

　一方，買手である個人側では所得税法上の時価が適用されます。その際，取
引後に同族株主等となる場合には原則的評価額が，それ以外の株主等となる場
合には特例的評価額が税務上の時価となります。
　ここで，所得税法上の時価の算定方法が規定されている所得税基本通達59－
6では同族株主等の判定を取引前の議決権の状況によることとされているにも

かかわらず，今回の質問の場合には同族株主等の判定を取引後の議決権の状況で行うのはなぜでしょうか。それは，所得税基本通達59－6はあくまでも，売手側の時価の算定方法を規定した通達であるため，買手の時価を算定する際にまで取引前の議決権の状況で同族株主等の判定を行うのは合理的ではないと考えられるためです。

2 法人（売手）と個人（買手）の時価が相違する場合の売買価額

Q41と同様に，図表4－6中の表を見ると，ケース1，ケース2においては売手と買手の税務上の時価が一致していますが，ケース3，ケース4においては売手と買手の時価が相違しています。このような場合，売買価額をどのように決定すればよいのでしょうか。

売手と買手の時価が相違する場合には，前述のとおり，まず，時価と異なる価格で売買をした場合に売手と買手でどのような課税が生じるかを把握することが重要になります。そして，課税関係をしっかりと把握した上で，売買価額を決定していく必要があります。

⑴ ケース3について

売手は同族株主等であり，売手から見た株式の税務上の時価は500円です。買手はその他の株主等であり，買手から見た株式の税務上の時価は100円です。

まず，売手側から考えてみます。法人は営利を目的として取引をするものと考えられますから，法人である売手は時価を基準として課税され，時価未満で株式を売却した場合，時価と譲渡対価との差額部分に対して法人税が課されます（法法22）。したがって，売手が税務上不利益を受けない価額は，時価の500円以上となります。

一方，買手側では，時価未満の対価で株式を購入した場合，法人から利益を得たものとして時価未満の部分に対して所得税が課されます。したがって，買手が税務上不利益を受けない価額は時価の100円以上となります。ただし，Q41で述べたように原則的評価額を超えた部分は寄附金等とされ，取得原価とならない可能性があります。

以上より，このケースにおいて売手と買手の双方が税務上の不利益を受けないと考えられる売買価額は500円となります。

⑵　**ケース4**について

　売手はそれ以外の株主等であり，売手から見た株式の税務上の時価は100円です。買手は同族株主等であり，買手から見た株式の税務上の時価は500円です。

　売手側は，税務上の時価以上の譲渡であれば通常の譲渡益に対する課税が生じるに過ぎません。したがって，買手側の税務上の時価である500円を売買価額とすれば課税上の問題は生じないものと考えられます。

6 法人間で非上場株式を売買する場合の時価

Q43
法人から法人に非上場株式を売却する場合の税務上の時価について教えてください。

Point

● 売手，買手ともに，法人税法上の時価が適用される。取引後に同族株主等となる場合には原則的評価額，その他の株主等となる場合には特例的評価額となる。

● 売手と買手の税務上の時価が相違する場合，両者の課税関係を把握した上で，売買価額を決定する必要がある。

[A] 1 法人から法人に非上場株式を売却する場合の税務上の時価の概要

次頁図表4－7は，適正な売買実例等がない場合において法人から法人に非上場株式を売却する際の税務上の時価をまとめたものです。図表4－7中の表は売手と買手の四つの組合せをまとめています。なお，適正な売買実例等がある場合は，**Q39**をご覧ください。

法人間で非上場株式を譲渡する場合，売手である法人側では法人税法上の時価が適用されます。その際，取引後に同族株主等となる場合は原則的評価額が，それ以外の株主等となる場合は特例的評価額が税務上の時価となります。

同様に，買手である法人側でも法人税法上の時価が適用されます。その際，取引後に同族株主等となる場合は原則的評価額が，それ以外の株主等となる場合には特例的評価額が税務上の時価となります。

図表 4 - 7

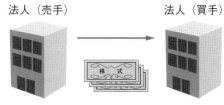

法人（売手）　　　　　　　　法人（買手）

【法人税法上の時価】　　【法人税法上の時価】

ケース1

	売手	買手
株主の区分	同族株主等	同族株主等
評価額（評価方法）	500円（原則的評価）	500円（原則的評価）

ケース2

	売手	買手
株主の区分	その他の株主等	その他の株主等
評価額（評価方法）	100円（特例的評価）	100円（特例的評価）

ケース3

	売手	買手
株主の区分	同族株主等	その他の株主等
評価額（評価方法）	500円（原則的評価）	100円（特例的評価）

ケース4

	売手	買手
株主の区分	その他の株主等	同族株主等
評価額（評価方法）	100円（特例的評価）	500円（原則的評価）

（注）　原則的評価額を500円，特例的評価額を100円と仮定。なお，原則的
　　　評価額＝純資産価額と仮定している。

2　自己株式の取得の際の時価

　自己株式の取得をする場合の売手である法人側の時価は，法人税法上の時価
となります。自己株式の取得は資本取引となりますので，原則的には買手であ
る法人側では課税は生じません。この場合，売手の時価で取引をすれば売手，
買手は税務上の不利益を受けないものと考えられます。ただし，法人（買手）
が同族会社で，法人（買手）の時価よりも低い価額で取引をする際には，株主に
対する贈与税課税（相基通9－2）に留意する必要があります（**Q52**参照）。

3　法人（売手）と法人（買手）の時価が相違する場合の売買価額

　法人から法人に非上場株式を売却する場合，売手，買手ともに法人税法上の時価が適用されます。しかし，ここでもQ41と同様に **ケース3**，**ケース4** において，売手と買手の時価が相違しています。このような場合，売買価額をどのように決定すればよいのでしょうか。

　売手と買手の時価が相違する場合には，前述のとおり，まず，時価と異なる価格で売買をした場合に売手と買手でどのような課税が生じるかを把握することが重要になります。そして，課税関係をしっかりと把握した上で，売買価額を決定していく必要があります。

⑴　**ケース3** について

　同族株主等である売手から見た株式の税務上の時価は500円です。買手はそれ以外の株主等であり，買手から見た株式の税務上の時価は100円です。

　法人は営利を目的としているものと考えられますから，原則として税務上の時価を基準とした課税がなされます（法法22）。

　売手側から考えてみると，法人である売手が時価未満で株式を売却した場合，時価未満の部分に対して法人税が課されます。したがって，売手が税務上不利益を受けない価額は，時価の500円以上となります。

　買手側についても，税務上の時価未満で株式を購入した場合，時価未満の部分に法人税が課されます。したがって，買手が税務上不利益を受けない価額は，時価の100円以上となります。ただし，Q41で述べたように，原則的評価額を超えた部分は寄附金等とされる可能性があります。

　以上より，このケースにおいて売手と買手の双方が税務上の不利益を受けないと考えられる売買価額は500円となります。

⑵　**ケース4** について

　売手はそれ以外の株主等であり，売手から見た株式の税務上の時価は100円です。買手は同族株主等であり，買手から見た株式の税務上の時価は500円です。

　売手側は，税務上の時価以上の譲渡であれば通常の譲渡益に対する課税が生じるに過ぎません。したがって，買手側の税務上の時価である500円を売買価額とすれば課税上の問題は生じないものと考えられます。

Ⅲ 医 療 法 人

① 親族間で医療法人の出資を譲渡する場合の時価

Q44

個人である親族間で医療法人の出資を譲渡する場合の税務上問題が生じない譲渡価額について教えてください。

> **Point**
>
> ● 買手・売手についての譲渡価額は基本的に非上場株式の取扱いと同様。
>
> ● 医療法人は配当が禁止されているため，少数出資者間の売買であっても配当還元方式による評価は行えず，類似業種比準価額の計算上も配当は考慮しない。

A　1　医療法人の出資を譲渡する場合の譲渡価額

　税務上，親族間で医療法人の出資を譲渡する場合の評価額は，非上場株式と同様，多くは財産評価基本通達を用いて算定しています。しかし，医療法人は出資者に配当することが禁じられていますので，出資額の算定をする際，配当を考慮しないという点が普通法人の非上場株式の算定方法と異なっています。

2　医療法人の出資額の算定について

　医療法人の出資の評価については，財産評価基本通達194－2に非上場株式の評価に準ずると定められています。医療法人の出資額の計算は，下記の(1)及び(2)の点について普通法人の非上場株式の算定方法と異なります（評基通178～194－2）。

⑴　少数出資者への譲渡（又は少数出資者間の譲渡）

　通常，少数出資者の出資の評価額は配当金に基づいた配当還元方式で算定しますが，医療法人は配当を禁止されていますので，少数出資者への譲渡（又は少数出資者間の譲渡）であっても，配当還元方式で算定することはありません。すなわち，類似業種比準価額と純資産価額に基づき出資額を算定します。

⑵　類似業種比準価額の計算

　医療法人の類似業種比準価額の計算は，配当金を考慮しない下記の算式により計算します。配当金の計算要素がないことにより分母は2となります（普通法人の場合は3で計算）。配当金以外の計算については普通法人の非上場株式の算定方法と同様です。

　なお，医療法人の場合，類似業種比準価額計上の類似業種は一律に「その他産業」となります。

$$A \times \left[\cfrac{\cfrac{c}{C} + \cfrac{d}{D}}{2} \right] \times 0.7 \text{（しんしゃく割合）}$$

「A」＝類似業種の株価

「C」＝課税時期の属する年の類似業種の1株当たりの年利益金額

「D」＝課税時期の属する年の類似業種の1株当たりの純資産価額（帳簿価額によって計算した金額）

「c」＝評価会社の1株当たりの利益金額

「d」＝評価会社の1株当たりの純資産価額（帳簿価額によって計算した金額）

（注）1　類似業種比準価額の計算に当たっては，c及びdの金額は1株当たりの資本金等の額を50円とした場合の金額として計算します。

　　　2　上記算式中のしんしゃく割合「0.7」は，中会社の株式を評価する場合には「0.6」，小会社の株式を評価する場合には「0.5」とします。

第5章

時価からのかい離と税務への影響

I 高額譲渡

1 個人から個人への土地の高額譲渡の取扱い

Q45

息子であるＡさんは，時価5,000万円の土地を，父親であるＢさんに8,000万円で譲渡しました。この土地の取得費は1,000万円，譲渡費用は０円です。この場合の税務上の取扱いについて教えてください。

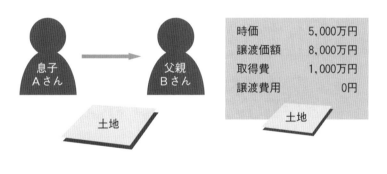

時価	5,000万円
譲渡価額	8,000万円
取得費	1,000万円
譲渡費用	0円

Point

- 売主は，時価で譲渡したものとして，譲渡益を計算する。
- 譲渡価額と時価との差額については，買主から売主への贈与として，売主に贈与税が課税される。

A　1　個人売主側の取扱い

売主であるＡさんは，時価5,000万円で土地を譲渡したものとして，譲渡益を計算します。よって，譲渡益4,000万円に対して，所得税等が課税されます。

譲渡価額と時価との差額3,000万円については，ＢさんからＡさんへの贈与として，Ａさんに贈与税が課税されます。

2　個人買主側の取扱い

買主であるＢさんには，課税されません。

なお，譲渡価額と時価との差額3,000万円は土地の購入対価ではなくＡさんへの贈与であることから，Ｂさんの土地の取得費は，時価である5,000万円となります。

法人から個人への土地の高額譲渡の取扱い

Q46

甲社（息子であるＡさんが株式を100％所有）は，時価5,000万円の土地を，父親であるＢさんに8,000万円で譲渡しました。この土地の帳簿価額は1,000万円，譲渡費用は０円です。この場合の税務上の取扱いについて教えてください。

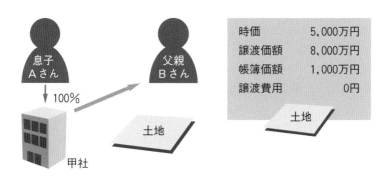

Point

- 売主は，時価で譲渡したものとして，譲渡益を計算する。
- 譲渡価額と時価との差額については，受贈益として，売主に法人税等が課税される。
- 売主が同族会社であるため，その同族会社の株主に対しても，贈与税が課税される。

A 1 法人売主側の取扱い

　売主である甲社は，時価5,000万円で土地を譲渡したものとして，譲渡益を計算します（法法22②）。よって，譲渡益4,000万円に対して，法人税等が課税されます。

　譲渡価額と時価の差額3,000万円については，Bさんから贈与を受けたものとして，法人税等が課税されます。

　また，甲社が同族会社であるため，Bさんへの高額譲渡により甲社の株式の価値が増加した場合には，その増加した部分について，AさんはBさんから贈与されたものとして課税されます（相基通9-2）。

2 個人買主側の取扱い

　買主であるBさんには，課税されません。

　なお，譲渡価額と時価との差額3,000万円は土地の購入対価ではなく甲社への寄附であることから，Bさんの土地の取得費は，時価である5,000万円となります。

個人から法人への土地の高額譲渡の取扱い

Q47

息子であるＡさんは，時価5,000万円の土地を，乙社（父親であるＢさんが100％所有）に8,000万円で譲渡しました。この土地の取得費は1,000万円，譲渡費用は０円です。この場合の税務上の取扱いについて教えてください。

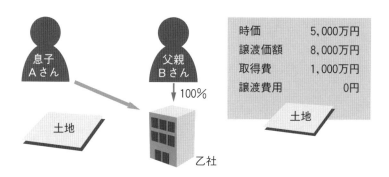

時価	5,000万円
譲渡価額	8,000万円
取得費	1,000万円
譲渡費用	0円

Point

● 売主は，時価で譲渡したものとして，譲渡益を計算する。

● 譲渡価額と時価との差額については，買主から売主への贈与として，売主に所得税等が課税される。

● 買主は，譲渡価額と時価との差額について，売主に寄附をしたものとされる。

● また，買主の株主が買主の役員の場合には，譲渡価額と時価との差額について，株主へ役員賞与が支払われ，その後株主から売主へ贈与したものとされる可能性もある。

A 1 個人売主側の取扱い

　売主であるＡさんは，時価5,000万円で土地を譲渡したものとして，譲渡益を計算します。よって，譲渡益4,000万円に対して，所得税等が課税されます。

　譲渡価額と時価との差額3,000万円については，乙社からＡさんへの贈与となります。法人から個人への贈与であるため，税法上の一義的解釈としては，一時所得としてＡさんに所得税等が課税されます（所基通34－1）。ただし，Ａさんが乙社の従業員又は役員の場合には，給与所得となります（所基通36－15）。

　また，Ｂさんが乙社の役員の場合には，Ｂさんへ役員賞与3,000万円が支払われ，その後ＢさんがＡさんへ贈与をしたものとして，Ｂさんへ給与所得課税，かつ，Ａさんへ贈与税が課税される可能性もあります。

2 法人買主側の取扱い

　譲渡価額と時価との差額3,000万円は，税法上の一義的解釈としては，Ａさんに対する寄附金として，寄附金の損金不算入の規定の対象となり，損金算入限度額を超える部分の金額は，法人税法上損金の額に算入されません（法法37）。

　ただし，Ａさんが乙社の従業員の場合には，寄附金ではなく給与となります。そのため，Ａさんが乙社の役員と特殊関係にある使用人の場合（親族であるＢさんが乙社の役員である場合など）には，過大な使用人給与の損金不算入の規定の対象となり，不相当に高額な部分の金額は法人税法上損金の額に算入されません（法法36）。さらに役員の場合には，役員給与の損金不算入の規定の対象となり，その全額が法人税法上損金の額に算入されません（法法34）。

　また，Ｂさんが乙社の役員の場合には，Ｂさんへ役員賞与3,000万円が支払われ，その後ＢさんがＡさんへ贈与をしたものとされる可能性もあり，その場合，譲渡価額と時価との差額3,000万円は，役員給与の損金不算入の規定の対象となり，その全額が法人税法上損金の額に算入されません。

　なお，譲渡価額と時価との差額3,000万円は土地の購入対価ではなくＡさんへの贈与であることから，乙社の土地の取得価額は，時価である5,000万円となります。

個人から発行法人への自己株式の高額譲渡の取扱い

Q48

息子であるＡさんは，時価5,000万円の乙社株式を，発行法人である乙社（父親であるＢさんが株式の80％を所有）に8,000万円で譲渡しました。この株式の取得費は1,000万円，譲渡費用は０円です。この場合の税務上の取扱いについて教えてください。

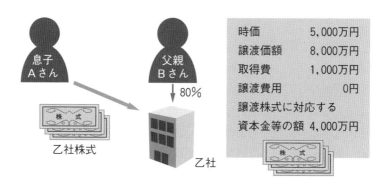

時価	5,000万円
譲渡価額	8,000万円
取得費	1,000万円
譲渡費用	0円
譲渡株式に対応する 資本金等の額	4,000万円

Point

● 売主は，時価と資本金等の額との差額について，配当を受けたものとみなされる。

● 売主は，時価からみなし配当金額を控除した金額で譲渡したものとして，譲渡益を計算する。

● 譲渡価額と時価との差額については，買主から売主への贈与として，売主に所得税等が課税される。

● 自己株式の取得は資本等取引に該当するが，買主は譲渡価額と時価との差額について，売主に寄附をしたものとされる可能性がある。

A 1 個人売主側の取扱い

　売主であるＡさんは，譲渡価額8,000万円のうち，時価5,000万円については，配当所得と株式譲渡所得課税の対象になります。時価と譲渡株式に対応する資本金等の額の差額1,000万円について，配当を受けたものとみなされ，配当所得課税がされます（所法25①）。時価5,000万円からみなし配当金額1,000万円を控除した金額4,000万円で株を譲渡したものとして譲渡益の計算をしますので，譲渡益3,000万円に対して，株式譲渡としての所得税等が課税されます（措法37の10③，37の11③）。

　また，譲渡価額と時価との差額3,000万円については，乙社からＡさんへの贈与となります。法人から個人への贈与であるため，税法上の一義的解釈としては，一時所得としてＡさんに所得税等が課税されます（所基通34－1）。ただし，Ａさんが乙社の従業員又は役員の場合には，給与所得となります（所基通36－15）。

　Ｂさんが乙社の役員の場合には，Ｂさんへ役員賞与3,000万円が支払われ，その後ＢさんがＡさんへ贈与をしたものとして，Ｂさんへ給与所得課税，かつ，Ａさんへ贈与税が課税される可能性もあります。

2　法人買主側の取扱い

　自己株式の取得は，資本等取引に該当するため，税法上の一義的解釈としては，自己株式の取得価額は8,000万円となり，乙社の譲渡株式に対応する資本金等の額及び利益積立金額を8,000万円減少させます（法法22②・⑤，法令8①二十，9①十四）。

　しかし，何らかの利益移転を目的としたものであると認められる場合には，自己株式の取得を損益取引と資本等取引との混合取引であると認定され，資本等取引は5,000万円であるとして乙社の譲渡株式に対応する資本金等の額及び利益積立金額を5,000万円減少させます。この場合，譲渡価額と時価との差額3,000万円は，Ａさんに対する寄附金として，寄附金の損金不算入の規定の対象となり，損金算入限度額を超える部分の金額は，法人税法上損金の額に算入されません（法法37）。

　また，Ａさんが乙社の従業員であるときは，寄附金ではなく給与となります。

そのため，Aさんが乙社の役員と特殊関係にある使用人であるとき（親族であるBさんが乙社の役員であるときなど）は，過大な使用人給与の損金不算入の規定の対象となり，不相当に高額な部分の金額は法人税法上損金の額に算入されません（法法36）。さらに役員であるときは，役員給与の損金不算入の規定の対象となり，その全額が法人税法上損金の額に算入されません（法法34）。

　Bさんが乙社の役員の場合には，Bさんへ役員賞与3,000万円が支払われ，その後BさんがAさんへ贈与をしたものとされる可能性もあり，その場合，譲渡価額と時価との差額3,000万円は，役員給与の損金不算入の規定の対象となり，その全額が法人税法上損金の額に算入されません。

5 法人から法人への土地の高額譲渡の取扱い

Q49

　甲社（息子であるAさんが株式を80%所有，他は親族以外が所有）は，時価5,000万円の土地を，乙社（父親であるBさんが株式を80%所有，他は親族以外が所有）に8,000万円で譲渡しました。この土地の帳簿価額は1,000万円，譲渡費用は0円です。この場合の税務上の取扱いについて教えてください。

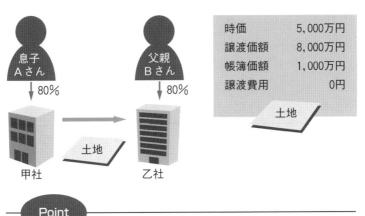

時価	5,000万円
譲渡価額	8,000万円
帳簿価額	1,000万円
譲渡費用	0円

Point

- 売主は，時価で譲渡したものとして，譲渡益を計算する。
- 譲渡価額と時価との差額については，受贈益として，売主に法人税等が課税される。
- 売主が同族会社であるため，その同族会社の株主に対しても，贈与税，もしくは所得税等が課税される。
- 買主は，譲渡価額と時価との差額について，売主に寄附をしたものとされる。

A 1 法人売主側の取扱い

売主である甲社は，時価5,000万円で土地を譲渡したものとして，譲渡益を計算します（法法22②）。よって，譲渡益4,000万円に対して，法人税等が課税されます。

また，譲渡価額と時価との差額3,000万円については，乙社から贈与を受けたものとして，甲社に法人税等が課税されます。

甲社が同族会社であるため，乙社への高額譲渡により甲社の株式の価値が増加した場合には，その増加した部分について，Ａさんに贈与税（Ｂさんからの利益供与とみなされた場合），又は所得税等（乙社からの利益供与とみなされた場合）が課税されます（相基通9－2）。

2 法人買主側の取扱い

譲渡価額と時価との差額3,000万円は，甲社に対する寄附金として，寄附金の損金不算入の規定の対象となり，損金算入限度額を超える部分の金額は，法人税法上損金の額に算入されません（法法37）。

なお，譲渡価額と時価との差額3,000万円は土地の購入対価ではなく甲社への寄附であることから，乙社の土地の取得価額は，時価である5,000万円となります。

6 法人から法人への土地の高額譲渡の取扱い（完全支配関係がある場合）

Q50

甲社（息子であるAさんが株式を100%所有）は，時価5,000万円の土地を，乙社（父親であるBさんが株式を100%所有）に8,000万円で譲渡しました。この土地の帳簿価額は1,000万円，譲渡費用は0円です。この場合の税務上の取扱いについて教えてください。

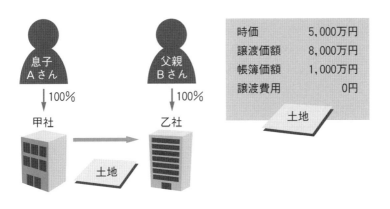

時価	5,000万円
譲渡価額	8,000万円
帳簿価額	1,000万円
譲渡費用	0円

息子Aさん ↓100% 甲社
父親Bさん ↓100% 乙社

Point

● 売主は，時価で譲渡したものとして，譲渡益を計算する。ただし，売主と買主は完全支配関係にあるため，譲渡益は繰り延べられる。

● 譲渡価額と時価との差額については，受贈益として，売主に法人税等が課税される。

● 売主である会社の株主及び買主は，Q49と同様の取扱いとなる。

1 法人売主側の取扱い

　売主である甲社は，時価5,000万円で土地を譲渡したものとして，譲渡益を計算します（法法22②）。ただし，甲社と乙社は完全支配関係にあるため，完全支配関係のある法人間の取引の損益となり，譲渡益は繰り延べられます（法法61の13①）。

　「完全支配関係」とは，一の者が法人の発行済株式等の全部を直接もしくは間接に保有する関係（「当事者間の完全支配の関係」といいます）又は一の者との間に当事者間の完全支配の関係がある法人相互の関係をいいます（法法2十二の七の六）。「一の者」が個人株主である場合には，その株主の親族も含まれます（法令4の2②）。AさんとBさんは親子であるため，甲社と乙社は完全支配関係にあることとなります。

　なお，繰り延べられた譲渡益は，乙社がその土地を譲渡したとき，甲社と乙社が完全支配関係でなくなったときなど一定の場合に実現し，課税を受けます（法法61の13②〜⑦）。

　また，譲渡価額と時価の差額3,000万円については，乙社から贈与を受けたものとして，甲社に法人税等が課税されます。

　甲社が同族会社であるため，乙社への高額譲渡により甲社の株式の価値が増加した場合には，その増加した部分について，Aさんに贈与税（Bさんからの利益供与とみなされた場合），又は所得税等（乙社からの利益供与とみなされた場合）が課税されます（相基通9−2）。

2　法人買主側の取扱い

　譲渡価額と時価との差額3,000万円は，甲社に対する寄附金として，寄附金の損金不算入の規定の対象となり，損金算入限度額を超える部分の金額は，法人税法上損金の額に算入されません（法法37）。

　なお，譲渡価額と時価との差額3,000万円は土地の購入対価ではなく甲社への寄附であることから，乙社の土地の取得価額は，時価である5,000万円となります。

Ⅱ 低額譲渡

1 個人から個人への土地の低額譲渡の取扱い

Q51

父親であるAさんは，時価5,000万円の土地を，息子であるBさんに2,000万円で譲渡しました。この土地の取得費は1,000万円，譲渡費用は0円です。この場合の税務上の取扱いについて教えてください。

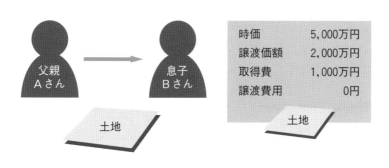

時価	5,000万円
譲渡価額	2,000万円
取得費	1,000万円
譲渡費用	0円

Point

- 売主は，実際の譲渡価額で譲渡したものとして，譲渡益を計算する。
- 買主は，時価と譲渡価額との差額について，贈与により取得したものとみなされ，贈与税が課税される。

A 1 個人売主側の取扱い

売主であるAさんは，実際の譲渡価額2,000万円で土地を譲渡したものとして，譲渡益を計算します。よって，譲渡益1,000万円に対して，所得税等が課税されます。

買主が法人ではなく個人のため，みなし譲渡の規定は適用されません。みなし譲渡とは，個人が法人に対して時価の2分の1未満の価額で資産の譲渡をした場合，時価で譲渡したものとみなすという規定です（所法59①二）。

ただし，個人に対する譲渡で，時価の2分の1未満の価額で資産を譲渡した場合に，もし譲渡損が生じたときは，その譲渡損はなかったものとみなします（所法59②）。

2 個人買主側の取扱い

譲渡価額が時価よりも著しく低い場合，買主は売主から贈与を受けたものとみなされます（相法7）。この場合の「著しく低い」に当たるかどうかは，「時価の2分の1未満」であるかどうかではなく，個々の取引について取引の事情，取引当事者間の関係等を総合勘案し，実質的に贈与を受けたと認められる金額があるかどうかにより判定します。なお，譲渡価額が取得価額を下回る場合には，土地の価額が下落したことなど合理的な理由があると認められるときを除き，「著しく低い」に当たるものとします（平元直評5外）。

本ケースは，親子間の低額譲渡であり，かつ，時価5,000万円の土地を2,000万円で譲渡していることから，著しく低い場合に該当すると考えられ，買主であるBさんは，時価と譲渡価額との差額3,000万円相当額の土地をAさんから贈与により取得したものとみなされ，贈与税が課税されます。

なお，個人間の低額譲渡では，Aさんにみなし譲渡の規定が適用されないため，Bさんの土地の取得費は，取得価額である2,000万円となります。

2 法人から個人への土地の低額譲渡の取扱い

Q52

甲社（父親であるＡさんが株式を100％所有）は，時価5,000万円の土地を，息子であるＢさんに2,000万円で譲渡しました。この土地の帳簿価額は1,000万円，譲渡費用は０円です。この場合の税務上の取扱いについて教えてください。

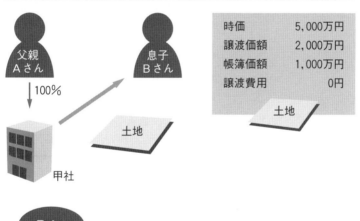

時価	5,000万円
譲渡価額	2,000万円
帳簿価額	1,000万円
譲渡費用	０円

Point

- 売主は，時価で譲渡したものとして，譲渡益を計算する。
- 時価と譲渡価額との差額については，売主から買主への寄附金として，寄附金の損金不算入の規定の対象となる。
- 買主は，時価と譲渡価額との差額について，売主から贈与を受けたものとして，所得税等が課税される。
- また，売主の株主が売主の役員の場合には，時価と譲渡価額との差額について，株主へ役員賞与が支払われ，その後株主から買主へ贈与したものとされる可能性もある。

1　法人売主側の取扱い

　売主である甲社は，時価5,000万円で土地を譲渡したものとして，譲渡益を計算します。よって，譲渡益4,000万円に対して，法人税等が課税されます。

　時価と譲渡価額との差額3,000万円は，税法上の一義的解釈としては，Bさんに対する寄附金として，寄附金の損金不算入の規定の対象となり，損金算入限度額を超える部分の金額は，法人税法上損金の額に算入されません（法法37）。

　ただし，Bさんが甲社の従業員の場合には，寄附金ではなく給与となります。そのため，Bさんが甲社の役員と特殊関係にある使用人の場合（親族であるAさんが甲社の役員の場合など）には，過大な使用人給与の損金不算入の規定の対象となり，不相当に高額な部分の金額は法人税法上損金の額に算入されません（法法36）。さらに役員の場合には，役員給与の損金不算入の規定の対象となり，その全額が法人税法上損金の額に算入されません（法法34）。

　また，Aさんが甲社の役員の場合には，Aさんへ役員賞与3,000万円が支払われ，その後AさんがBさんへ贈与をしたものとされる可能性もあり，その場合，時価と譲渡価額との差額3,000万円は，役員給与の損金不算入の規定の対象となり，その全額が法人税法上損金の額に算入されません。

2　個人買主側の取扱い

　譲渡価額と時価との差額3,000万円については，甲社からBさんへの贈与となります。法人から個人への贈与であるため，税法上の一義的解釈としては，一時所得としてBさんに所得税等が課税されます（所基通34－1）。ただし，Bさんが甲社の従業員又は役員の場合には，給与所得となります（所基通36－15）。

　また，Aさんが甲社の役員の場合には，Aさんへ役員賞与3,000万円が支払われ，その後AさんがBさんへ贈与をしたものとして，Aさんへ給与所得課税，かつ，Bさんへ贈与税が課税される可能性もあります。

　なお，Bさんの土地の取得費は，譲渡価額と時価との差額3,000万円に対して所得税等の課税を受けることから，時価である5,000万円となります。

3 個人から法人への土地の低額譲渡の取扱い

Q53

　父親であるAさんは，時価5,000万円の土地を，乙社（息子であるBさんが株式を100%所有）に2,000万円で譲渡しました。この土地の取得費は1,000万円，譲渡費用は0円です。この場合の税務上の取扱いについて教えてください。

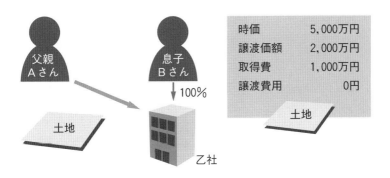

時価	5,000万円
譲渡価額	2,000万円
取得費	1,000万円
譲渡費用	0円

Point

- 売主は，みなし譲渡課税の適用により，時価で譲渡したものとして，譲渡益を計算する。
- 時価と譲渡価額との差額については，受贈益として，買主に法人税等が課税される。
- 買主が同族会社であるため，その同族会社の株主に対しても，贈与税が課税される。

A 1 個人売主側の取扱い

個人が法人に対して時価の2分の1未満の価額で資産の譲渡をした場合，時価で譲渡したものとみなされます（みなし譲渡，所法59①二）。

売主であるAさんは，時価5,000万円で土地を譲渡したものとして，譲渡益を計算します。よって，譲渡益4,000万円に対して，所得税等が課税されます。

また，仮に時価の2分の1以上の価額で譲渡した場合であっても，同族会社への譲渡であるため，Aさんの所得税を不当に減少させると認められるときは，時価で譲渡したものとして，所得税等が課税されることになります（所基通59－3）。

2 法人買主側の取扱い

時価と譲渡価額との差額3,000万円については，Aさんから贈与を受けたものとして，法人税等が課税されます。

なお，乙社の土地の取得価額は，時価である5,000万円となります。

また，乙社が同族会社であるため，Aさんからの低額譲渡により乙社の株式の価値が増加した場合には，その増加した部分について，BさんはAさんから贈与されたものとして課税されます（相基通9－2）。

4 個人から発行法人への自己株式の低額譲渡の取扱い

Q54

父親であるAさんは，時価5,000万円の乙社株式を，発行法人である乙社（息子であるBさんが株式を80%所有）に2,000万円で譲渡しました。この株式の取得費は1,000万円，譲渡費用は0円です。この場合の税務上の取扱いについて教えてください。

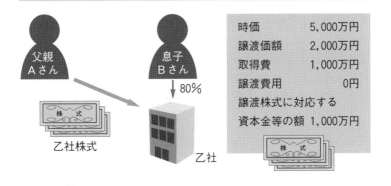

時価	5,000万円
譲渡価額	2,000万円
取得費	1,000万円
譲渡費用	0円
譲渡株式に対応する資本金等の額	1,000万円

Point

- 売主は，譲渡価額と資本金等の額との差額について，配当を受けたものとみなされる。
- 売主は，時価からみなし配当金額を控除した金額で譲渡したものとして，譲渡益を計算する。
- 自己株式の取得は資本等取引に該当するが，買主は時価と譲渡価額との差額について，受贈益として，法人税等が課税される可能性がある。
- 買主が同族会社であるため，その同族会社の株主に対しても，贈与税が課税される。

1 個人売主側の取扱い

　売主であるＡさんは，譲渡価額2,000万円のうち，譲渡価額と資本金等の額の差額1,000万円について，配当を受けたものとみなされ，配当所得課税がされます（所法25①）。

　また，個人が法人に対して時価の2分の1未満の価額で資産の譲渡をした場合，時価で譲渡したものとみなされます（所法59①二）。この規定に該当するかどうかは，譲渡価額2,000万円が時価5,000万円の2分の1未満かどうかにより判定しますので，この場合は，時価5,000万円で譲渡したものとみなされます（措通37の10・37の11共－22）。

　一方，株式譲渡所得課税の対象となるのは，時価5,000万円からみなし配当1,000万円を控除した4,000万円ですので，譲渡益3,000万円に対して，株式譲渡としての所得税等が課税されます（措法37の10③，37の11③，措通37の10・37の11共－22）。

　なお，仮に時価の2分の1以上の価額で譲渡した場合であっても，同族会社への譲渡であるため，Ａさんの所得税を不当に減少させると認められるときは，時価で譲渡したものとして，所得税等が課税されることになります（所基通59－3）。

2　法人買主側の取扱い

　自己株式の取得は，資本等取引に該当するため，税法上の一義的解釈としては，自己株式の取得価額は2,000万円となり，乙社の譲渡株式に対応する資本金等の額及び利益積立金額を2,000万円減少させます（法法22②・⑤，法令8①二十，9①十四）。

　しかし，何らかの利益移転を目的としたものであると認められる場合には，自己株式の取得を損益取引と資本等取引との混合取引であると認定され，資本等取引は5,000万円であるとして，乙社の譲渡株式に対応する資本金等の額及び利益積立金額を5,000万円減少させます。この場合，時価と譲渡価額との差額3,000万円について，Ａさんから贈与を受けたものとして，法人税等が課税されます。

　また，乙社が同族会社であるため，Ａさんからの低額譲渡により乙社の株式の価値が増加した場合には，その増加した部分について，ＢさんはＡさんから贈与されたものとして贈与税が課税されます（相基通9－2）。

5 法人から法人への土地の低額譲渡の取扱い

Q55

　甲社（父親であるＡさんが株式を80％所有，他は親族以外が所有）は，時価5,000万円の土地を，乙社（息子であるＢさんが株式を80％所有，他は親族以外が所有）に2,000万円で譲渡しました。この土地の帳簿価額は1,000万円，譲渡費用は０円です。この場合の税務上の取扱いについて教えてください。

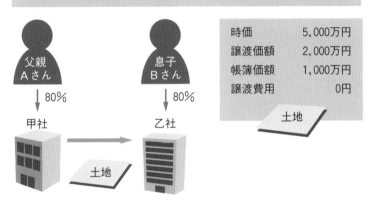

時価	5,000万円
譲渡価額	2,000万円
帳簿価額	1,000万円
譲渡費用	0円

Point

- 売主は，時価で譲渡したものとして，譲渡益を計算する。
- 時価と譲渡価額との差額は，売主から買主への寄附金として，寄附金の損金不算入の規定の対象となる。
- 買主は，時価と譲渡価額との差額について，受贈益として，法人税等が課税される。
- 買主が同族会社であるため，その同族会社の株主に対しても，贈与税，もしくは所得税等が課税される。

[A] 1　法人売主側の取扱い

　売主である甲社は，時価5,000万円で土地を譲渡したものとして，譲渡益を計算します（法法22②）。よって，譲渡益4,000万円に対して，法人税等が課税されます。

　時価と譲渡価額との差額3,000万円は，乙社に対する寄附金として，寄附金の損金不算入の規定の対象となり，損金算入限度額を超える部分の金額は，法人税法上損金の額に算入されません（法法37）。

2　法人買主側の取扱い

　時価と譲渡価額との差額3,000万円については，甲社から贈与を受けたものとして，乙社に法人税等が課税されます。

　なお，乙社の土地の取得価額は，時価である5,000万円となります。

　また，乙社が同族会社であるため，乙社への低額譲渡により乙社の株式の価値が増加した場合には，その増加した部分について，Bさんに贈与税（Aさんからの利益供与とみなされた場合），又は所得税等（甲社からの利益供与とみなされた場合）が課税されます（相基通9－2）。

法人から法人への土地の低額譲渡の取扱い（完全支配関係がある場合）

Q56

甲社（父親であるAさんが株式を100%所有）は，時価5,000万円の土地を，乙社（息子であるBさんが株式を100%所有）に2,000万円で譲渡しました。この土地の帳簿価額は1,000万円，譲渡費用は0円です。この場合の税務上の取扱いについて教えてください。

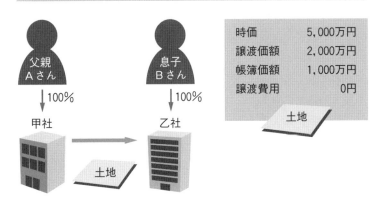

時価	5,000万円
譲渡価額	2,000万円
帳簿価額	1,000万円
譲渡費用	0円

Point

- 売主は，時価で譲渡したものとして，譲渡益を計算する。ただし，売主と買主は完全支配関係にあるため，譲渡益は繰り延べられる。
- 時価と譲渡価額との差額は，売主から買主への寄附金として，寄附金の損金不算入の規定の対象となる。
- 買主は，Q55と同様の取扱いとなる。

1　法人売主側の取扱い

　売主である甲社は，時価5,000万円で土地を譲渡したものとして，譲渡益を計算します（法法22②）。ただし，甲社と乙社は完全支配関係にあるため，完全支配関係のある法人間の取引の損益となり，譲渡益は繰り延べられます（法法61の13①）。

　「完全支配関係」とは，一の者が法人の発行済株式等の全部を直接若しくは間接に保有する関係（「当事者間の完全支配の関係」といいます）又は一の者との間に当事者間の完全支配の関係がある法人相互の関係をいいます（法法2十二の七の六）。「一の者」が個人株主である場合には，その株主の親族も含まれます（法令4の2②）。AさんとBさんは親子であるため，甲社と乙社は完全支配関係にあることとなります。

　なお，繰り延べられた譲渡益は，乙社がその土地を譲渡したとき，甲社と乙社が完全支配関係でなくなったときなど一定の場合に実現し，課税を受けます（法法61の13②〜⑦）。

　時価と譲渡価額との差額3,000万円は，乙社に対する寄附金として，寄附金の損金不算入の規定の対象となり，損金算入限度額を超える部分の金額は，法人税法上損金の額に算入されません（法法37）。

2　法人買主側の取扱い

　時価と譲渡価額との差額3,000万円については，甲社から贈与を受けたものとして，乙社に法人税等が課税されます。

　なお，乙社の土地の取得価額は，時価である5,000万円となります。

　また，乙社が同族会社であるため，乙社への低額譲渡により乙社の株式の価値が増加した場合には，その増加した部分について，Bさんに贈与税（Aさんからの利益供与とみなされた場合），又は所得税等（甲社からの利益供与とみなされた場合）が課税されます（相基通9－2）。

Ⅲ 個別事例と考察（判決・裁決例）

① 低額譲渡として否認を受けた不動産譲渡の事例

Q57

当事者間の合意価格により母親から土地の譲渡を受けたところ，税務署から低額譲渡との否認を受けた事例があると聞きました。事例の概要と参考となるポイントを教えてください。

Point

- 税務署からは，公示価格を基礎とした価格が譲渡の適正価格であると指摘され，当事者間の合意価格は低額であるとして，譲り受けた子が贈与課税を受けた。
- 審判所の裁決では，税務署の評価を採用せず，独自に外部委託をして評価した価額により贈与課税の結審をした。
- 子が株式を有する同族会社も同時期に母親から土地を当事者間の合意価格で譲り受けており，税務署から低額譲受けとの指摘を受け，子が有する株式の価値増加分に対して子が贈与課税を受けた。
- 審判所の裁決では，法人による3年以内取得不動産に該当するため「通常の取引価格」により評価をして純資産価格を算定するべきと指摘をした税務署の主張を退け，同不動産は「相続税評価額」により評価をして純資産価格を算定すべき旨の結審をした。
- さらに，裁決では，類似業種比準価格を算定する要素である一株あたりの純資産価額は，法人税法上の適正な帳簿価額を意味するため，同不動産は「通常の取引価格」により評価をして類似業種比準価格を算定すべきと判断している。

1 事例の概要

　Aさんは，平成21年12月28日に母から土地1を500万円で譲り受けました。また，Aさんが110株を所有する同族会社が，同日に母から土地2を100万円で譲り受けました。取引価格はいずれも当事者の合意価格です。

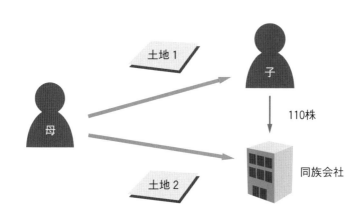

2 税務署の指摘

⑴ 土地1

　相続税個別通達（負担付贈与又は対価を伴う取引により取得した土地等及び家屋等に係る評価並びに相続税法第7条及び第9条の規定の適用について）に定める，個人間の対価を伴う取引により取得した土地の価額は，通常の取引価格により評価する，との規定に基づき，税務署は1件の取引事例を基礎に各種修正を加えた金額を土地の価格として算定し，取引価格である500万円との差額は，子供に対する贈与として贈与税の課税を行いました。

⑵ 土地2

　相続税基本通達9－2（株式又は出資の価額が増加した場合）に定める，同族会社が著しく低い価額で財産を譲り受けた場合に，株式の価値が増加した時は，その増加した金額を財産を譲渡した者から贈与により受けたものとする，との規定に基づき，税務署は100万円の譲渡価額は著しく低い価額に該当する

とし，110株分の価値の増加額を母から贈与により受けたものとして贈与税の課税を行いました。

　株式の価値の増加額の算定に当たって，税務署は取引事例を基礎に各種修正を加えた金額を土地の価格として算定し，取引価額100万円ではなくその算定した価格を基に純資産価額方式による純資産価額の算定を行い，かつ，類似業種比準価額方式における1株当たりの純資産価額を算定して，同族会社の株式評価額を計算し，土地の譲渡前の同株式評価額と比較して，価値増加分を算定しました。

3　国税不服審判所の判断（平成24年11月13日裁決）

⑴　土地1

　国税不服審判所の判断は，個人間の対価を伴う取引により取得した土地の価額は，通常の取引価額に相当する金額によって評価する規定の適用は正当であるとして，税務署の考えを支持しました。

　一方で，通常の取引価額に相当する金額については，税務署の1件の取引事例を基礎として算定した価額は適正に時価を反映していないとして，4件の取引事例を基礎に各種調整を加えた時価を算定し，贈与の算定基礎額としました。

⑵　土地2

　国税不服審判所は，100万円の取引価額は著しく低い価額に該当するとして，株式の価値の増加額に対して贈与税を課税する税務署の判断を支持しました。

　しかしながら，株式の価値の増加額の算定について，純資産価額方式による純資産価額の算定における土地の評価額は，税務署が主張する通常の取引価額ではなく，相続税評価額にすべきであると判断しました。何故ならば，税務署が通常の取引価額を用いる根拠として相続税財産評価基本通達185（純資産価額）に定める，「評価会社が課税時期前3年以内に取得した土地の価額は，課税時期における通常の取引価額に相当する金額によって評価する」を用いているところ，同族会社が母から低額により土地を取得した日が株式の価値の増加の日であり贈与税の課税時期の日となるため，これらが同日となることから課税時期前3年以内に該当せず，通常の取引価額ではなく，相続税評価額で評価すると判断しています。

一方で，類似業種比準価額方式による1株当たりの純資産価額の算定にあたっては，土地の価額は取得価額の100万円ではなく通常の取引価額による評価に引き直して計算をするとの税務署の主張を認めています。

4　この事案の注目すべきところ

本事案は，親族間における土地の譲渡を通常の取引価額を下回る価額で行ったことから，税務署が通常の取引価額に引き直して贈与税の認定課税を行っていますが，審判所は税務署の通常の取引価額の算定をそのまま認めず，独自に算定を行っています。同様の裁決は複数件出ており（平成18年5月24日裁決，平成24年8月31日裁決など），このように争訟になった時の時価の算定は複雑になっています。

また，株式価値の増加に対する贈与税課税において，純資産価額方式における低額で譲り受けた土地の評価引き直しでは，通達文言を忠実に解釈して税務署の主張を認めず相続税評価額とする判断を下しています。一方で，類似業種比準価額方式における一株当たり純資産価額においては，その土地を通常の取引価額に引き直して算定するとの判断をしており，細かな通達解釈が行われています。

2 同族株主以外の株主から純資産価額を下回る価額により譲り受けた価額が否認された事例

Q58

同族株主が同族株主以外の少数株主から，純資産価額を下回る価額により譲渡を受けた場合の譲渡価額が税務署から低額であるとの否認を受けた事例があると聞きました。事例の概要と参考となるポイントについて教えてください。

Point

- 納税者は額面金額の25倍程度が妥当と考え，少数株主から株式を取得した。
- 税務署は，純資産価額に基づく価格で譲渡すべきであると指摘している。
- 東京地裁では，税務署の主張が取り上げられ，納税者は控訴を行わなかったことから，税務署の主張で裁判が確定した。

A 1 事例の概要

Bさんは甲社の代表取締役，かつ，筆頭株主の立場であり，平成10年2月から平成11年2月にかけて，甲社の少数株主116名から株式を取得しました。売買価額は，850円～1,866円とバラつきはあるもののほとんどの株主は1,250円で売却し，一部の株主は価格交渉によりその前後の価格で売却しています。財産評価基本通達に規定する純資産価額に対比すると10%～20%程度の水準でした。

売却価額の標準となっている1,250円は，Bさんから各株主に提示された金

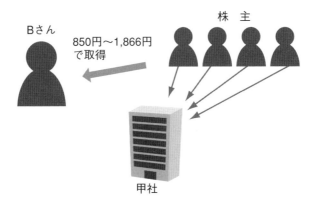

株　主

Bさん

850円〜1,866円
で取得

甲社

額であり，株式の額面金額の25倍です。甲社は額面金額の10％相当額を配当しており，25年分の配当を目安として設定されていました。

2　税務署の指摘

　Bさんが少数株主から譲り受けるべき価額は，財産評価基本通達で評価した価額（純資産価額と類似業種比準価額を比較すると純資産価額の方が低いので純資産価額）であるべきであり，同価額に比して10％〜20％程度の水準の売買価額は低額譲渡に該当し，Bさんは少数株主から純資産価額と実際の売買価額との差額分について贈与を受けたものとして，贈与税課税をするとの指摘を税務署は行いました。

　Bさんと少数株主は親族関係にない第三者間ですが，税務署の指摘では譲渡価額はBさんが一方的に決めて通知した価額であって，交渉の余地がなかったことから，この売買価額は不特定多数の間で成立する第三者間価額とはいえず，純資産価額が客観的な時価であるとしています。

　税務署が指摘した贈与税の課税価額は，平成10年分の譲渡が6億5,263万円，平成11年分の譲渡が3,604万円です。

3　納税者の反論

　税務署の指摘に対して納税者Bさんは，自己と少数株主は親族ではなく第三者間なので，そもそも低額譲渡に対して贈与税を課税する相続税法7条の規定

は適用されるべきではないと主張しました。また，独立した第三者との間で取引された価額は，取引当事者が恣意的な価格設定を行った場合でない限り，それが時価であると認識すべきであり，売買価額は甲社の配当額の25年分に相当する配当還元価額であることから，少数株主にとって納得できる合理的な価額であったと主張しています。

4　東京地裁の判断（平成19年1月31日判決）

　東京地裁は，低額譲渡を行った場合に譲受側に贈与税が課税される相続税法7条が，親族間等特殊関係者間に限り適用されるかどうかについてまず審理しており，低額譲渡は譲受者が譲渡価額と時価との差額の利益供与を受けており，その受贈益には担税力があることが課税の基本的な考え方であり，それは特殊関係者間でも第三者間でも相違ないので，贈与税課税の規定は第三者間においても適用されるべきであると結論付けています。

　次に，譲渡価額が時価といえるかどうかについて検討しており，甲社株式には譲渡制限が付されており株主が株式を譲渡するに当たっては取締役会の承認を要する状況にあって，甲社株式の過半数を有するBさんは優位的な立場にあり，Bさんの都合で一方的に価額が決められた経緯が認められることと，譲渡価額のせめぎ合いの交渉が行われた事実がほとんど見受けられないことから，譲渡価額は時価とはいえないと判断しています。

　これらの審理結果に基づき，税務署の主張を採用し税務署側の勝訴判決になっており，納税者が控訴しなかったことからこの判決で確定しています。

5　この事案の注目すべきところ

　創業者一族や企業オーナーが，社員や取引先に分散している自社株式を購入する事例はよく見るところです。そのようなケースにおいて本件は大変参考になる事例です。まず，低額譲渡を行った場合に譲受者に贈与税課税が行われる規定は親族間に限らず第三者間にも適用されるという点が，税務調査の段階でも，そして判決の段階でも明確になっています。したがって，オーナーからみて社員や取引先は第三者間だからといって，安易に適当な価額でオーナーが買い取ってしまうと，税務調査で指摘を受ける可能性は大きいといえます。

また，本件を鑑みると，オーナーが第三者から株式を買い取る価額は財産評価基本通達に則った価額とするのが無難といえますが，一方で，税務署の指摘や裁判所の審査段階において，当事者同士で十分な交渉や話合いがあったのかという点を掘り下げて検討しており，必ずしも画一的に財産評価基本通達を適用するということではないといえます。

　この点は低額譲渡における受贈益課税において親族間と第三者間とでは異なる点であると考えられます。すなわち，親族間（とりわけ親子のような直系血族間）では低額譲渡か否かについて相続税や贈与税の課税回避の点から，財産評価基本通達を下回る価額での譲渡については，低額譲渡とみなすのが原則的な取扱いといえます。一方で第三者間ではこのような考え方を基本としつつ，画一的に財産評価基本通達を適用するものではなく，不特定多数の間で成立する第三者間価格か否かというもう一つの「ものさし」も考慮の余地があるといえます。

　したがって，オーナーが第三者から株式を取得する場合に財産評価基本通達と異なる価額となるときは，当事者でしっかり協議し合理的な売買価額を決めてその経緯も書面で残しておくことが重要です。

第6章

不動産譲渡の
ケーススタディ

土地と建物の所有者が異なる場合の譲渡

Q59

　7年前に父の相続で土地を取得しました。この土地の上に建っている建物は叔母が所有しており，この度，土地の現金化を目的として，叔母にこの土地を売却することにしました。叔母にはお世話になったので，叔母の「言い値」で買ってもらおうと思っていますが，金額の多寡により課税関係が問題になることはありますか。また，売却の手続きについて教えてください。なお，叔母から地代は収受していませんので借地権は発生していません。

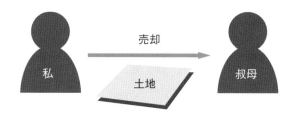

Point

- 時価と実際の売買金額との差額については，贈与があったものとされる。
- したがって，時価がいくらなのかは，課税関係を整理する上で重要である。
- 時価の算定方法としては，税法に具体的な定めはないが，不動産会社による査定，不動産鑑定士による鑑定，相続税評価額を公示価額に引き直す方法により通常の取引金額を算出する。
- 叔母様は，不動産取得税及び登録免許税を負担することになる。

A 1 土地と建物の所有者が異なる場合の留意点

相続等により土地の所有者と建物の所有者が相違してしまうことはよくあります。このような場合には，将来的に地代や権利関係などについてもめることが想定されますので，早めに共有状態を解消することが大切です。

親族間で売買をする場合に問題となるのが，時価の考え方です。実際の売買金額が，時価よりも高い場合もしくは低い場合には，その取引時の時価と実際の売買金額との差額について，売主もしくは買主に対して贈与があったものとされます（相法7，9）。よって，叔母様があなたから土地を取得する際は，「時価」がいくらなのかが重要になります。

なお，ここでいう「時価」ですが，税法には具体的な定めはありませんが，実務上は，不動産会社による査定，不動産鑑定士による鑑定，相続税評価額を公示価額に引き直す方法等により，通常の取引価額を算定し，当該金額を時価として計算していくことになります（**Q36**参照）。

2 手続きの流れ

(1) 所有権等の確認

まず，登記事項証明書から売却する不動産の所有権・所在地・地積を確認します。この際，土地があなたの名義になっていることを確認してください。相続等によって取得した土地について，相続登記を失念されている方がたまにいらっしゃいますが，この場合，売買に先立って相続登記をする必要があります。

(2) 課税関係の整理

続いて，どのような課税関係が生じるかを確認しておく必要があります。今回は，叔母様の「言い値」で買い取ってもらうということになっていますが，その「言い値」が「時価」と比較して高いのか低いのか，それとも同額なのかによって課税関係は異なってきます。課税関係を整理する際は，あなたご自身の課税関係はもちろんですが，買主である叔母様の課税関係も整理してあげると，将来的なトラブル防止になると思います。

それでは，ケース別に所得税及び贈与税を検討してみましょう。

① 時価で譲渡した場合

　(イ) 売主（あなた）

譲渡益が生じた場合には，その金額に対して所得税及び住民税が課されることになります。

　この場合の所得税及び住民税の税率は，売主の所有期間によって異なることになります。今回のように，相続により取得した場合の所有期間には，原則として被相続人の所有期間を含めて計算することになります（所法60）。お父様の土地の所有期間は不明ですが，7年前に相続により取得しているということは，あなたが5年超保有していることは確実です。したがって，今回は長期譲渡所得となり，所得税が15.315％，住民税が5％となります。

(ロ)　買主（叔母様）

　特に課税関係は生じません。

② 時価よりも低額で譲渡した場合

(イ)　売主（あなた）

　譲渡益（売買金額－取得費等 ＞ 0）が生じた場合には，その金額に対して所得税及び住民税が課されます。一方，譲渡損が発生した場合において，売買金額が時価の2分の1未満のときには，その譲渡損はなかったものとみなされます（所法59②）。

(ロ)　買主（叔母様）

　あなたから叔母様に対して，時価と売買金額との差額について贈与があったものとみなされます。

　相続税法では，「著しく低い価額の対価で財産の譲渡を受けた場合においては，その財産の譲渡があった時において，その財産の譲渡を受けた者が，その対価とその譲渡があった時におけるその財産の時価との差額に相当する金額をその財産を譲渡した者から贈与により取得したものとみなす（相法7）」という規定があります。「著しく低い価額の対価で財産の譲渡を受けた場合」に該当するかどうかは個々の取引について取引の事情，取引当事者間の関係等を総合勘案し，実質的に贈与を受けたと認められる金額があるかどうかにより判定します。今回のように親族間で時価よりも低額で売買があった場合には，基本的に「著しく低い価額の対価で財産の譲渡を受けた場合」に該当すると考えられます。なお，売買金額が取得価額を下回る場合には，土地の価額が下落したことなど合理的な理由があると認められるときを除き，

「著しく低い価額の対価で財産の譲渡を受けた場合」に当たるとされています（平元直評5外）。

③　時価よりも高額で譲渡した場合

　　㋑　売主（あなた）

　　　譲渡益（時価−取得費等　>　０）が生じた場合には，その金額に対して所得税及び住民税が課されます。また，親族間での高額譲渡については，叔母様からあなたに対して時価と売買金額との差額について贈与があったものとみなされます。

　　㋺　買主（叔母様）

　　　特に課税関係は生じません。

⑶　**先方への申入れ**

　　叔母様が売買金額を検討するに当たっては，当然課税関係がどうなるのかということを気にされると思います。したがって，事前に課税関係を整理した資料を作成し，申入れ時に資料をお持ちすると交渉がスムーズに進みます。

　　また，同時に，譲渡の時期についても検討するようにしましょう。確定申告及び納付の期限は，譲渡をした年の翌年3月15日となっていますので，例えば，その取引を12月頃に行おうとする場合に，その取引を1月遅らせることによって，確定申告及び納付を1年間遅らせることができます。

⑷　**売買契約書の作成及び名義変更**

　　先方への申入れが終わり，売買することになった場合には，売買契約書を作成し，売買金額に応じた印紙を貼付します。その後，作成した売買契約書をもとに所有権の移転登記を行います。なお，登記についてはご自身で行うことも可能ですが，司法書士などの専門家に依頼するのが一般的です。なお，登記申請の際，登録免許税の支払いが必要となります。登録免許税は，固定資産税評価額の1.5%（令和5年3月31日まで。本則は2%）となっています。登録免許税については，一般的に買主である叔母様が負担します。

⑸　**所得税及び贈与税の申告及び納付**

　　あなたが今回土地を譲渡することにより，譲渡益が生じた場合には，譲渡した年の翌年2月16日から3月15日までに，税務署に対して所得税の確定申告及び納付をする必要があります。なお，申告をする際には，確定申告書に「譲渡

所得の内訳書（確定申告書付表兼計算明細書）【土地・建物用】」を添付する必要があります。

　また，時価に比べて低い金額で売却した場合，もしくは高い金額で売却した場合には，贈与税の申告をする必要が生じる場合があります。この場合，申告をするのは，贈与を受けた人となりますので，時価より低い金額で売買があった場合には，叔母様が贈与税の申告をすることになり，時価より高い金額で売買があった場合には，あなたが贈与税の申告及び納付をすることになります。

(6) 不動産取得税

　不動産取得税は，不動産を取得した人に課されますので，叔母様が負担することになります。なお，不動産取得税は，固定資産税評価額（宅地の場合は，令和6年3月31日まで固定資産税評価額の2分の1）の3％（令和6年3月31日まで。本則は4％）です。

　不動産取得税額は，自ら計算するのではなく，都税事務所等が計算し納付書を送付してくれますので，記載されている納期限までに納付をする必要があります。なお，納付書は不動産購入後，数か月後に送られてくるのが一般的です。

2 共有持分の売却

Q60

20年前に祖父に相続が発生したとき，相続財産の一つである土地（更地）を私の父と叔父の二人で，それぞれ2分の1ずつ相続しましたが，7年前に，私の父に相続があり，父の持分を私が相続することになりました。この土地は現在私が住んでいるところから離れており，将来的に管理することは困難であるため，この土地を3,000万円（時価4,000万円，取得費不明）で叔父に売却しようと思います。この場合の売却までの手続きや留意点を教えてください。

Point

- 共有状態にあると単独で目的物を活用・処分等ができないため，早めに共有状態を解消することが望ましい。
- あなたは譲渡益に対して，所得税が15.315%，住民税が5％課される。
- 時価4,000万円と実際の取引金額3,000万円の差額1,000万円については，あなたから叔父様に対して贈与があったものとみなされ，叔父様に贈与税が課される。
- 叔父様は，登録免許税及び不動産取得税を負担することになる。

A 1 共有持分となっている場合の問題点

　土地が共有状態になっていますと，共有者と意見が合致しなければ，自由に活用・処分等ができないことになり，また，将来的に相続等により所有権がさらに分散してしまう可能性がある等，好ましくない状況といえます。したがって，共有になっている場合には，早めに解消をすることが望ましいと考えます。

2 当該事例の流れ

(1) 所有権等の確認

まず，登記事項証明書から売却する土地の所有権・所在地・地積を確認します。この際，土地があなたの名義になっていることを確認してください。相続等によって取得した土地について，相続登記を失念されている方がたまにいらっしゃいますが，この場合，売買に先立って相続登記をする必要があります。

(2) 課税関係の整理

続いて，どのような課税関係が生じるかを確認しておく必要があります。

① 売主であるあなたの課税関係

売買金額から取得費等を控除した譲渡益に対して，所得税及び住民税が課されることになります。

この場合の所得税及び住民税の税率は，売主の所有期間によって異なることになります。今回のように，相続により取得した場合の所有期間には，原則として被相続人の所有期間を含めて計算することになります（所法60）。今回売却する土地は，あなたのお父様がおじい様から20年前に相続し，あなたはお父様から7年前に相続し所有し続けたということですから，所有期間が5年超となることは確実です。したがって，今回は長期譲渡所得となり，税率は所得税が15.315%，住民税が5%となります。

また，あなたのように相続により取得した土地の取得費が不明だということはよくあります。このように土地の取得費が不明だといった場合には，収入金額の5%を取得費とすることができます（措法31の4）。

② 買主である叔父様の課税関係

叔父様の土地の取得は低額譲受けに該当しますので，時価と売買金額との差額である1,000万円について贈与があったとして，叔父様に対して贈与税が課されます。

(3) 先方への申入れ及び取引条件の協議

所有権等の確認及び課税関係の整理ができましたら，先方への申入れを行います。なお，このとき相手方から質問されそうな事項，例えば時価の算定方法，今回の売買金額の決定方法や，実際に取引をした場合の手続きなどを事前に確認をし，資料等の準備をしておく必要があります。なお，実際に先方に申入れ

をする際に，課税関係の説明や価格の算定方法等の説明について不安があれば，税理士や司法書士，不動産鑑定士等のサポートを受けることを検討するようにしましょう。

(4) 売買契約書の作成及び名義変更

　先方への申入れが終わり，売買することになった場合には，売買契約書を作成し，売買金額に応じた印紙を貼付します。その後，作成した売買契約書をもとに所有権の移転登記を行います。なお，登記についてはご自身で行うことも可能ですが，司法書士などの専門家に依頼するのが一般的です。なお，登記申請の際，登録免許税の支払いが必要となります。登録免許税は，固定資産税評価額の1.5％（令和5年3月31日まで。本則は2％）となっています。登録免許税については，一般的には買主である叔父様が負担することになります。

(5) 所得税及び贈与税の申告及び納付

① 所得税の申告及び納付

　あなたが不動産を譲渡することによって譲渡益が生じますので，譲渡した年の翌年2月16日から3月15日までに，税務署に対して確定申告及び納付をする必要があります。なお，所得税額は下記のとおり436万4,775円，住民税額は142.5万円となります。

＜所得税額・住民税額の計算＞（譲渡費用は0として計算している）

　3,000万円（売却金額）－150万円（概算取得費3,000万円×5％）＝2,850万円

　所得税：2,850万円×15.315％＝436万4,775円

　住民税：2,850万円×5％＝142.5万円

　申告をする際には，確定申告書に「譲渡所得の内訳書（確定申告書付表兼計算明細書）【土地・建物用】」を添付する必要があります。

② 贈与税の申告及び納付

　叔父様は，時価と実際の売買金額との差額である，1,000万円について，譲渡した年の翌年2月1日から3月15日までに，税務署に対して，贈与税の申告及び納付をする必要があります。なお，贈与税額は231万円となります。

＜贈与税額の計算＞

　（1,000万円－110万円）×40％－125万円＝231万円

⑹ 不動産取得税

　不動産取得税は，不動産を取得した人に課されますので，叔父様が負担することになります。なお，不動産取得税は，固定資産税評価額（宅地の場合は，令和6年3月31日まで，国定資産税評価額の2分の1）の3％（令和6年3月31日まで。本則は4％）です。

　不動産取得税額は，自ら計算するのではなく，都税事務所等が計算し納付書を送付してくれますので，記載されている納期限までに納付をする必要があります。なお，納付書は不動産購入後，数か月後に送られてくるのが一般的です。

取得費加算の適用を受ける場合の
遺産分割方法の注意点と資産管理
会社の活用のポイント

Q61

　今年の8月7日に父に相続が発生しました。顧問
税理士に，父の相続財産の評価をしてもらったとこ
ろ，評価額は9億円となり相続税が多額にかかりそ
うです。そこで，相続税の申告期限までに，父の相
続財産である駐車場を私が出資をしている不動産管
理会社に適正な価額で売却して納税する予定です。
　この場合，遺産分割を中心に注意すべきポイント
及び資産管理会社を活用するメリットを教えてくだ
さい。

Point

- 相続開始後3年10か月以内に相続により取得した不動産を売却
  するので，取得費加算の特例を活用できる。
- 取得費加算の特例をうまく活用するためには，遺産分割にも注
  意を払う必要がある。
- 所得税と法人税の税率差があるため，資産管理会社の活用によ
  り税引き後の手取額を多く残せるメリットがある。
- 資産管理会社では，不動産の取得に伴う不動産取得税及び登録
  免許税を負担することになる。

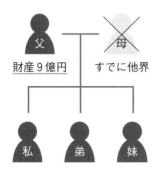

（単位：万円）

相続財産	評価額
土地（駐車場）	30,000
その他	60,000
合計	90,000

父　財産9億円　母　すでに他界

私　弟　妹

A　1　土地を譲渡した場合の取得費加算の特例

　土地を譲渡した際の「取得費加算の特例」とは，相続税を納めた人がその相続により取得した土地を相続開始日から3年10か月以内に譲渡した場合において，譲渡所得の計算上，相続したその土地に係る相続税相当額を取得費に加算するという特例です（措法39）。この制度を活用することで，譲渡益を圧縮することができます。

　譲渡所得の金額＝総収入金額－（取得費＋取得費加算の額＋譲渡費用の額）

　この取得費加算の特例は，代償金の有無により，取得費に加算することができる金額が変わってきてしまうことがありますので，遺産分割をする際は注意をするようにしましょう。

図表6－1　遺産分割案1　　　　　　　　　　　　　　　　　（単位：万円）

相続財産	評価額	私	弟	妹
土地（駐車場）	30,000	30,000		
その他	60,000		30,000	30,000
代償金	0	0	0	0
合計	90,000	30,000	30,000	30,000
相続税	30,240	10,080	10,080	10,080

　まず，**遺産分割案1**を見ていきたいと思います。あなたが納税のために駐車場を売却した場合における，取得費に加算することができる金額は，次のとおりとなります。

$$\begin{array}{rl}
\text{取得費に加算される} \\
\text{相続税額} & = \text{相続税額} \times \dfrac{\text{土地の相続税評価額}}{\text{相続税の課税価格}} \\[3mm]
& = 10{,}080\text{万円} \times \dfrac{\underset{(\text{駐車場})}{30{,}000\text{万円}}}{30{,}000\text{万円}} \\[3mm]
& = 10{,}080\text{万円}\ (\text{取得費に加算する金額})
\end{array}$$

図表6－2　遺産分割案2　　　　　　　　　　　　　　　　（単位：万円）

相続財産	評価額	私	弟	妹
土地（駐車場）	30,000	30,000		
その他	60,000	60,000		
代償金	0	−60,000	30,000	30,000
合計	90,000	30,000	30,000	30,000
相続税	30,240	10,080	10,080	10,080

　続いて，**遺産分割案2**を見ていきたいと思います。今回は**遺産分割案1**と異なり，全ての財産をあなたが相続し，代償金という形で弟と妹に分けるという遺産分割をしています。

　遺産分割案2のように分割した場合において，納税のために駐車場を売却した場合における，取得費に加算することができる金額は，下記のとおりとなります。

$$\begin{array}{rl}
\text{取得費に加算される} \\
\text{相続税額} & = \text{相続税額} \times \dfrac{\text{土地の相続税評価額}^{(\text{注})}}{\text{相続税の課税価格}} \\[3mm]
& = 10{,}080\text{万円} \times \dfrac{10{,}000\text{万円}^{(\text{注})}}{30{,}000\text{万円}} \\[3mm]
& = 3{,}360\text{万円}\quad (\text{取得費に加算する金額})
\end{array}$$

$$\begin{array}{rl}
(\text{注})\ \begin{array}{l}\text{相続により取得した}\\\text{土地の相続税評価額}\end{array} & - \text{支払代償金} \times \dfrac{\begin{array}{c}\text{相続により取得した土地の}\\\text{相続税評価額}\end{array}}{\text{相続税の課税価額}＋\text{支払代償金}} \\[5mm]
30{,}000\text{万円} & - 60{,}000\text{万円} \times \dfrac{30{,}000\text{万円}}{30{,}000\text{万円}＋60{,}000\text{万円}}
\end{array}$$

遺産分割案1と遺産分割案2の大きな違いは，代償金があるかないかということです。代償金とは，特定の相続人が相続財産の全部又は大部分を取得し，その相続人から他の相続人に金銭等を交付するという遺産分割です。今回のケースでは，**遺産分割案2**においては，あなたが全ての財産を相続した上で弟さん，妹さんに代償金を支払うことにしています。

具体例で見ると分かるように，**遺産分割案1**，**遺産分割案2**のいずれもあなたが取得する財産（代償金考慮後）は3億円で変わりませんが，駐車場を売却する際に算入することができる取得費加算の金額は約6,720万円異なることになります。

したがって，今回納税のために駐車場を売却するということですので，遺産分割にも注意を払う必要があります。

2　資産管理会社に対して売却するメリット

(1)　相続税の納税

今回のように資産管理会社に対して売却するメリットとして利子を資産管理会社の損金（経費）にできるということが挙げられます。

相続税の納税は，現金一括納付が原則となっていますが，一定の要件を満たしますと，延納を選択することができ，相続税を分割払いすることも可能です（相法38）。しかしながら，延納を選択すると発生する利子税は，不動産所得などを計算するうえで，経費になりません。一方，今回のケースのように，資産管理会社に対して売却をしますと，資産管理会社が不動産を購入するために借入れをした場合には，その借入れに伴う支払利息は，会社の損金（経費）になりますので，会社の利益の圧縮につながります。

また，あなたが，仮に相続税の納税のために資産管理会社ではなく，第三者にその駐車場を売却した場合には，ご自身で駐車場を使用できなくなるだけではなく，相続税の申告期限までに現金化しなければいけないという売り急ぎにより，売却金額が時価に比べて低くなってしまう可能性があります。

(2)　所得税・法人税の税率差の活用

所得税と住民税の税率は併せて，最高55％（復興特別所得税を除きます）となります（図表6-3参照）。

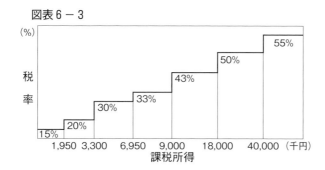

図表 6 - 3

一方で，法人税は地方税を併せて実効税率は約30％となっており，最高で約25％の税率差が生じることになります。したがって，本事例のように，相続税の納税のために資産管理会社を活用するというケースもありますが，所得が高い場合には，生前に資産管理会社に売却することで，不動産に係るキャッシュフローをよくすることができます。個人で不動産を所有する場合，そこから生み出される蓄財は全て，所有者本人に帰属することになりますが，法人を通して所有することで，将来的な財産の蓄積は法人でされることとなり，その法人の株式を生前にお子様等に渡しておくことで，財産を円滑にお子様へ相続させることができます。

(3)　売買契約書の作成及び名義変更

　売買することになった場合には，売買契約書を作成し，売買代金に応じた印紙を貼付します。その後，作成した売買契約書をもとに所有権の移転登記を行います。なお，登記についてはご自身で行うことも可能ですが，司法書士などの専門家に依頼するのが一般的です。なお，登記申請の際，登録免許税の支払が必要となります。登録免許税は，固定資産税評価額の1.5％（令和5年3月31日まで。本則は2％）となっています。登録免許税については，一般的には買主である資産管理会社が負担することになります。

3　所得税の申告及び納付

　あなたが不動産を譲渡することによって譲渡益が発生した場合には，翌年の3月15日までに，税務署に対して確定申告及び納付をする必要があります。な

お，申告をする際には，確定申告書に「譲渡所得の内訳書（確定申告書付表兼計算明細書）【土地・建物用】」を添付する必要があります。

4　不動産取得税

不動産取得税は，不動産を取得した側に課されますので，資産管理会社が負担することになります。なお，不動産取得税は，固定資産税評価額（宅地の場合は，令和6年3月31日まで，固定資産税評価額の2分の1）の3％（令和6年3月31日まで。本則は4％）です。

不動産取得税額は，自ら計算するのではなく，都税事務所等が計算し納付書を送付してくれますので，記載されている納期限までに納付をする必要があります。なお，納付書は不動産購入後，数か月後に送られてくるのが一般的です。

4 共有物の分割

Q62

20年前に，父の相続により土地（更地600m²）を兄弟2人で取得し2分の1ずつ共有としました。その後，それぞれ自宅を建て生活をしております。最近このように共有の土地のままでは，相続税の計算上，小規模宅地等の特例が適用できる面積が小さくなるケースがあると聞きました。何か対策はありますか。

Point

- 土地が共有になっている場合のその土地に有する権利は，その土地のすべてに均等に及ぶと考えられているため，土地に係る共有持分は，兄弟の建物の敷地に均等に及んでいると考えられる。したがって，小規模宅地等の特例の適用面積も所有している面積ではなく，所有している面積の半分しか適用されない。
- この場合の対策方法として共有物の分割が考えられる。なお，税務上は，持分に応じて共有物の分割をした場合，譲渡はなかったものとされる。
- 分割後の面積の比と共有持分の割合が異なる場合であっても，その分割後のそれぞれの土地の価額の比が共有持分の割合におおむね等しいときは，その分割は共有持分に応ずる現物分割に該当することとされ譲渡はなかったものとされる。
- 共有物の分割をした場合，原則として不動産取得税はかからないが，登録免許税はかかる。
- 分筆をするためには，原則として測量をする必要がある。

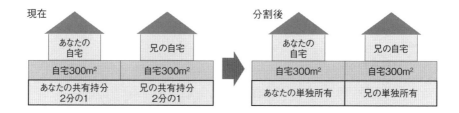

A 1 小規模宅地等の特例の考え方

　土地が共有になっている場合の土地に有する権利は，その土地の全てに均等に及ぶと考えられています。したがって，今回の事例の場合，あなたが所有している土地の権利はあなたの自宅敷地のみに及ぶわけではなく，あなたの自宅敷地の他，お兄様の自宅敷地にも及ぶことになります。

　具体的には，土地600㎡のうち，あなたの権利は，あなたの自宅敷地相当が150㎡，お兄様の自宅敷地相当が150㎡，合計300㎡の権利ということになります。お兄様も同様となります。相続税の計算上の特例である，小規模宅地等の特例について考えてみるとどうでしょうか。**Q64**を参照していただくと分かりますように，自宅敷地として使用していた土地について一定の要件を充足する相続人に相続させた場合には，330㎡まで，80％を評価額から圧縮することができることになっています。あなたは，300㎡を所有していますが，あなたの自宅に係る権利は150㎡となるため，仮にあなたに相続が発生した場合，小規模宅地等の特例の適用は，150㎡となります。

　そこで対策方法として，共有物の分割という方法が考えられます。共有物の分割をすることで，上記の図を参照していただくと分かるように，それぞれが単独名義となります。この場合，小規模宅地等の特例は，あなたの自宅敷地300㎡について適用することが可能となります。

2　共有物の分割の内容とポイント

　共有物の分割とは，ある動産又は不動産を2人以上で共有している場合において，その共有状態を解消することをいいます。この共有物の分割は，各共有者はいつでも請求することができます（民法256）。共有資産をその持分に応じて現物分割を行った場合には，税金の計算上は，土地の譲渡はなかったものと

され，所得税は課されません。なお，仮に面積の比と共有持分の割合とが異なる場合であっても，その分割後のそれぞれの土地の価額の比が共有持分の割合におおむね等しいときは，その分割は共有持分に応ずる現物分割に該当することとされ，譲渡はなかったものとされます（所基通33－1の7）。

3　手続きの流れ

⑴　所有権等の確認

　まずは，現在の土地の所有権等の確認をすることになります。いずれも登記事項証明書もしくは要約書を確認することになります。今回のケースでは，各人の持分割合がどのようになっているかをしっかり確認するようにしましょう。

⑵　課税関係の整理

①　所　得　税

　土地が共有となっている場合において，その共有に係る土地を持分に応じて現物分割をしたときは，その分割（譲渡）はなかったものとされます。したがって，今回のケースのように，あなたとお兄様が，それぞれの持分に応じて，現物分割を行っている場合には，譲渡はなかったものとして取り扱われます。この場合において，所得税の確定申告は必要ありません。

　なお，分割に要した費用は，その土地の取得費に算入されます。

②　不動産取得税・登録免許税

㋑　不動産取得税

　共有物の分割が行われた場合には，原則として不動産取得税は非課税とされていますので，今回のケースでは，不動産取得税は課されません。

　＜参　考＞　不動産取得税が課される場合

　不動産の取得者の分割前の当該共有者に係る持分の割合を超える部分については，不動産取得税は課されることになります（地法73の7二の三）。なお，ここでいう「持分の割合」の意味ですが，原則としては不動産の価格の割合のことですが，現実問題として，調査することは困難であるため，当事者同士に租税回避の意思が認められない場合には不動産の面積の割合によることも認められています（地方税法の施行に関する取扱いについて（道府県税関係）平成22年4月1日総税都第16号）。

(ロ)　登録免許税

　分筆に伴う登録免許税は，分筆後の筆数×1,000円となっていますので，今回のケースでは2,000円となります。また，共有物の分割にかかる登録免許税は，原則として固定資産税評価額の0.4%となっています。今回のケースでは，一般的にあなたとお兄様で半分ずつ負担をすることになります。

(3)　共有物分割の実行

　所有権の確認及び課税関係の整理ができたら，実際に共有物の分割をしていくことになります。まずは，共有物分割協議書を作成します（次頁の共有物分割協議書参照）。共有物分割協議書作成後，現在共有となっている土地の分筆登記をし，その後共有物の分割登記をすることになります。なお，分筆及び交換に関する登記はご自身で行うことも可能ですが，司法書士などの専門家に依頼することが一般的です。この分筆の登記及び持分の移転登記をする際に登録免許税が必要となります。また，分筆をする際，原則として測量をする必要があります。

共有物分割協議書

　○○○○（以下「甲」という），及び○○○○（以下「乙」という）は，後記の土地について，次のとおり共有物分割の協議をした。

（目的及び取得）

第1条　甲及び乙は，後記不動産の全てを甲が持分2分の1，乙が持分2分の1の割合で共有しているが，今般これを後記のとおりA物件，及びB物件に分割して，A物件は甲が取得し，B物件は乙が取得するものとする。

（登記）

第2条　A物件は甲の単独所有に，B物件は乙の単独所有に，それぞれ持分移転の登記を行うものとする。

　以上の協議を証するため，本書2通を作成し，甲及び乙が捺印のうえ，それぞれ1通を保有するものとする。

　　令和○年○月○日

　　　　　　　　　　　　　　　東京都○○区○○
　　　　　　　　　　　　　甲　○○　　○○

　　　　　　　　　　　　　　　東京都○○区○○
　　　　　　　　　　　　　乙　○○　　○○

不動産の表示

1．A物件（新所有者甲）

　　　所　　　在　　　○○区○○
　　　地　　　番　　　○○番○○
　　　地　　　目　　　○○
　　　地　　　積　　　○○○m²

2．B物件（新所有者乙）

　　　所　　　在　　　○○区○○
　　　地　　　番　　　○○番○○
　　　地　　　目　　　○○
　　　地　　　積　　　○○○m²

5 借地権と底地の交換

Q63

数年前に父から相続により不動産の底地部分を取得しました。底地のみ所有していても使い勝手が悪いと感じ，借地人である私の叔父に，借地権と底地を交換できないかと相談する予定です。なお，叔父からは適正な地代を収受していますが，借地権の登記はしていません。

そもそもこのような取引は課税関係が生じるのでしょうか。手続きの流れも教えてください。

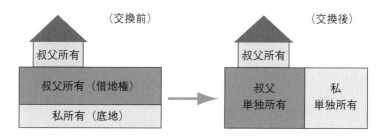

Point

● あなたが所有している底地と叔父様の借地権の交換はそれぞれの持分を譲渡したと考えるため，原則として課税関係が生じる。

● しかし，今回の交換が固定資産の交換の特例の適用要件を満たしている場合には，課税されない。

● 叔父様は，交換により不動産取得税・登録免許税を負担する必要がある。一方，あなたは交換による不動産取得税・登録免許税は課されない。

● 交換前に分筆をする必要があるため，測量をする必要がある。

A 1　借地権と底地の交換のポイント

　今回のケースのように，借地人がいる土地については，土地所有者は自由にその土地を使用することができません。また，借地人も地主の承諾を得なければ建替えを自由にできないなどの制限があります。このような場合，叔父様の借地権とあなたが所有している底地を交換し，それぞれを単独名義にすることにより土地を有効活用することができます。

　このように借地権と底地を交換する場合，原則として，借地権もしくは底地を譲渡したこととされます。この際，譲渡益が発生した場合には，譲渡所得税が課されます。しかし，次の①～⑥の要件を充足した場合には，譲渡所得の計算上，その譲渡はなかったものとみなされ，課税はされないことになります（所法58①）。

① 　1年以上所有していた固定資産であること

② 　取得資産は他の者が1年以上所有していた固定資産であること，かつ，交換のために取得した資産ではないこと

③ 　土地と土地のように同じ種類の交換であること。なお，借地権は土地に含まれる。

④ 　取得資産を譲渡資産の譲渡直前と同一の用途に供していること

⑤ 　取得資産と譲渡資産との価額の差額が，そのいずれか多い方の価額の100分の20を超えないこと

⑥ 　交換特例の適用を受ける旨の届出が確定申告書にあること

　なお，要件の④に，取得資産は，譲渡資産の譲渡直前の用途と同一の用途に供していることというのがありますが，この同一の用途に供したかどうかは，資産の種類及び用途の区分に応じて判定します（所基通58－6）。

2　手続きの流れ
⑴　所有権等の確認

　まずは，登記事項証明書で交換する土地の所有権等の確認をすることになります。なお，借地権の設定については登記されていないことが多いので，今回のケースの場合，借地権の権利関係が分かる資料，例えば契約書を確認することでそれぞれの権利関係を確認することになります。しかし，親族間で借地権

に関する土地賃貸借契約書を結んでいることは少ないので，その場合は地代の収受状況や地代の額が適正かなどを確認することになります。

⑵ 課税関係の整理

今回のように，借地権と底地を交換する行為は，それぞれの権利を譲渡したこととされ，原則として譲渡益に対して譲渡所得税が課されることになりますが，固定資産の交換の特例の要件を満たした場合に限って，譲渡所得の計算上譲渡はなかったものとされます。

したがって，実際に交換を実行する前には，上記1に記載した固定資産の交換の特例の要件を確認する必要があります。なお，この要件は細かい判断を要するところが多いため，実行の際には税理士等の専門家に確認をしてもらうことをお勧めします。

⑶ 先方への申入れ及び取引条件の協議

所有権等の確認及び課税関係の整理ができたら，先方への申入れを行います。なお，このとき相手方から質問されそうな事項，課税関係や手続きについては事前に確認をする必要があります。

なお，実際に先方に申入れをする際に，課税関係の説明や手続きについての説明について不安があれば，税理士や司法書士，不動産鑑定士等のサポートを受けることを検討するようにしましょう。

⑷ 売買契約書の作成及び名義変更

今回のように，借地権と底地を交換する場合には，交換契約書を作成することになり，印紙を貼付することになります。なお，交換に関する登記についてはご自身で行うことも可能ですが，司法書士等の専門家に依頼することが一般的です。

なお，登記申請の際，登録免許税の支払いが必要となります。今回のケースでは，分筆に伴う登録免許税として2,000円（分筆後の筆数×1,000円）となります。また，叔父様の持分の移転登記をするための登録免許税が固定資産税評価額2％となります。今回のケースではあなたと叔父様で半分ずつ負担することになると考えられます。なお，交換をするに当たって，原則として測量をする必要があります。

(5) 所得税の申告

　固定資産の交換の特例の要件を満たしており，課税が発生しない場合においても，交換をした年の翌年2月16日から3月15日までに，税務署に対して確定申告をする必要があります。なお，申告をする際には，確定申告書に「譲渡所得の内訳書（確定申告書付表兼計算明細書）【土地・建物用】」を添付する必要があります。その際，4面の記載を失念しないように注意しましょう。

(6) 不動産取得税

　不動産取得税は，底地を取得した叔父様が負担することになります。なお，不動産取得税は，固定資産税評価額（宅地の場合は，令和6年3月31日まで，固定資産税評価額の2分の1）の3％（令和6年3月31日まで。本則は4％）です。

　不動産取得税額は，自ら計算するのではなく，都税事務所等が計算し納付書を送付してくれますので，記載されている納期限までに納付をする必要があります。なお，納付書は不動産購入後，数か月後に送られてくるのが一般的です。

6 特定居住用宅地等と特定同族会社事業用宅地等の特例の併用

Q64

　2年前に発生した父親の相続により，母親が自宅敷地（相続税評価額1億円，330m²）を相続し，私は「父親から承継したA社（製造業）で使用している土地（時価及び相続税評価額2億円，400m²）」を相続しました。A社は非上場会社で，全株式を私が所有し，賃料ももらっています。母親の相続発生時において小規模宅地等の特例制度を利用することを考えていますが，どのような適用方法がありますか。母親は，金融資産を5億円持っており，母親と私は相続した土地以外に土地は所有していません。なお，母親と私は同居しており，相続人は私一人です。

- 小規模宅地等の特例は，特定同族会社事業用宅地等と特定居住用宅地等の適用面積の完全併用が可能。
- お母様にあなた所有の土地を売却した場合，完全併用をすることができる。
- 売買した場合には，お母様は，不動産取得税・登録免許税を負担することになる。
- 売買した場合には，あなたは譲渡益に対して，所得税が課される。

被相続人や生計一親族（以下「被相続人等」といいます）が居住の用又は事業の用に供していた宅地等は，相続人の生活基盤維持のために欠くことができない財産であり，かつ，処分にも相当の制約を受けることになります。したがって，相続税の計算に当たって通常の相続税評価額を適用するのは実情に合致しないことになります。

そこで，相続又は遺贈（以下「相続等」といいます）により取得した財産のうちに被相続人等の自宅として使用されていた，もしくは事業として使用されていた宅地等がある場合には，その宅地等の価額から，図表6－4の区分に応じて，それぞれの割合を減額することができる制度が，小規模宅地等の評価減です（措法69の4）。

図表6－4

①		②			③	④
相続開始の直前		取得者	継続要件 （申告期限まで）		限度 面積	減額 割合
			所有	居住又 は事業		
居住用の宅地等	特定居住用 宅地等	配偶者	—	—	330m²	80%
		同居親族 生計一の親族	○	○	330m²	80%
		別居親族 （一定の者に限る（注））	○	—	330m²	80%
事業用の宅地等 （賃貸用の不動産を除く）	特定事業用 宅地等	親族	○	○	400m²	80%
不動産賃貸 （同族会社に賃貸）	特定同族会社 事業用宅地等	役員である親族	○	○	400m²	80%
	貸付事業用 宅地等	親族	○	○ （貸付）	200m²	50%
不動産賃貸 （同族会社以外に賃貸）		親族	○	○	200m²	50%

（注）　一定の者とは，下記の要件を満たす親族をいう。
　　①　過去3年以内に自己又は自己の配偶者，三親等内の親族又は同族会社等の所有する家屋に居住していなかったこと。
　　②　被相続人に配偶者及び法定相続人である同居親族がいないこと。
　　③　当該親族が申告期限まで相続した土地を所有していること。

図表6－5

特定事業用　　　　　　特定居住用

400㎡　　　　　330㎡

それぞれ別枠で最大730㎡まで適用可能

2　あなたのケース

(1)　概　　　要

　あなたは，お父様の相続により，A社で使用している事業用の土地を相続されています。一方でお母様は，あなたと同居している自宅の土地を相続されています。平成27年1月1日以降は特定事業用宅地等（特定同族会社事業用宅地等を含みます）の評価減（400㎡）と特定居住用宅地等の評価減（330㎡）を併用することができるため，あなたが相続した事業用の土地をお母様へ売却することで，お母様の相続時に，小規模宅地等の特例をA社で使用している事業用の土地及び自宅部分の両方で適用することができます。

　なお，あなたが土地を売却する際，譲渡益が生じた場合には，譲渡所得税がかかりますが，相続税の申告期限から3年以内に相続により取得した土地を売却するので，取得費加算の特例（**Q61**を参照）を活用することができます。

(2)　具体的な計算（比較）

　あなたが所有している事業用の土地を，お母様に売却した場合の比較を具体例でご覧ください（図表6－6）。左側が現状の財産内容で相続が発生した場合，右側があなたからお母様が事業用土地を取得し，相続が発生した場合（小規模宅地等の特例を併用した場合）となっています。

　結果として，現状の財産内容で相続が発生した場合には，相続税が2億円となります。一方で，あなたからお母様に事業用土地を売却することで小規模宅地等の特例を自宅と併用することができるようになるため，相続税が1億2,000万円となり，現状と比較して8,000万円の相続税の減額となります。

図表6−6　　　　　　　　　　　　　　　　　　　　　（単位：万円）

	現状	売却後
金融資産	50,000	30,000
自宅	10,000	10,000
小規模宅地等の特例	−8,000	−8,000
事業用土地		20,000
小規模宅地等の特例		−16,000
合計	52,000	36,000
相続税	20,000	12,000

　小規模宅地等の評価減の適用を受ける場合，生前対策として，だれが土地を所有しているか，現状その土地を移転した場合にどのくらいのコストがかかるのか等検討していくことが重要になってきます。また併せて，2次相続を見据えた1次相続時の遺産分割も重要になってきます。

3　売買契約書の作成及び名義変更

　売買することになった場合には，売買契約書を作成し，売買代金に応じた印紙を貼付します。その後，作成した売買契約書をもとに所有権の移転登記を行います。なお，登記についてはご自身で行うことも可能ですが，司法書士などの専門家に依頼するのが一般的です。なお，登記申請の際，登録免許税の支払が必要となります。登録免許税は，固定資産税評価額の1.5％（令和5年3月31日まで。本則は2％）となっています。登録免許税については，一般的には買主であるお母様が負担することになります。

4　所得税の申告及び納付

　あなたが不動産を譲渡することによって譲渡益が発生した場合には，翌年の3月15日までに，税務署に対して確定申告及び納付をする必要があります。なお，申告をする際には，確定申告書に「譲渡所得の内訳書（確定申告書付表兼計算明細書）【土地・建物用】」を添付する必要があります。

5　不動産取得税

　不動産取得税は，不動産を取得した人に課されますので，お母様が負担することになります。なお，不動産取得税は，固定資産税評価額（宅地の場合は，令和6年3月31日まで，固定資産税評価額の2分の1）の3％（令和6年3月31日まで。本則は4％）です。

　不動産取得税額は，自ら計算するのではなく，都税事務所等が計算し納付書を送付してくれますので，記載されている納期限までに納付をする必要があります。なお，納付書は不動産購入後，数か月後に送られてくるのが一般的です。

7 建物だけの譲渡

Q65

父からの相続で取得した土地の上に全額自己資金でテナントビル（建築費2億円，総床面積1,000㎡，鉄筋コンクリート造，すべて貸し事務所用）を6年前に建設して賃料収入を得ています。

この度，息子が会社を設立しましたので，その会社にテナントビルを売却したいと考えています。土地・建物の売却となると売買代金が高額になるため，土地は私がそのまま所有を続け，建物だけを売却するつもりです。息子の会社は同族会社に当たるので税務上注意することなどがあれば教えてください。

Point

- 個人が同族会社に建物を売却する場合の譲渡価額は，通常の取引価額とかい離があると税務上問題が生ずる。
- テナントビルの売却は，消費税法上，個人の側では課税売上となり，会社の側では課税仕入れとなるため，納税義務の有無や納税額に影響を及ぼす。
- 建物だけを譲渡する場合，建物の所有者と土地の所有者が異なるため権利金の認定課税問題が発生するが，一定の場合には，権利金の認定課税は行われない。

A 1 譲渡価額

個人が同族会社に建物を譲渡する場合の譲渡価額は，第三者間での取引とは違い恣意的になりがちです。譲渡価額を時価より低い価額に設定すると，時価と譲渡価額との差額は，購入する会社側で受贈益となり法人税課税され，売却

する個人側では時価で譲渡したとするみなし譲渡課税のリスクがあります（**Q53**参照）。また，譲渡価額を時価より高い価額に設定すると，購入する会社側では個人に対して時価と譲渡価額との差額について寄附が行われたとして寄附金損金不算入規定の対象となります（**Q47**参照）。時価は第三者間で行われる客観的な取引価額（通常の取引価額）とされ，通常の取引価額の算定方法は税務上明確に定められておらず，客観的な通常の取引価額を自ら算出しなければなりません。

通常の取引価額の算定方法は，一般的には以下の方法が挙げられます。

(1) **不動産鑑定評価に基づく算定方法**

不動産鑑定士に依頼し一定の基準等を用いて鑑定評価をしてもらう方法です。この鑑定評価額は第三者からの評価額であり，建物を個別に実地調査より算定することから，客観的根拠のある算定方法といえます。専門家に依頼をすることになるので不動産鑑定費用がかかります。

(2) **類似する近隣の売買実例価額に基づく算定方法**

近隣の成約価格のうち，売却する建物と類似する成約価格をその譲渡価額とする方法です。

(3) **不動産所得の帳簿価額に基づく算定方法**

テナントビルからの賃料収入は個人の不動産所得における収入となることから，減価償却費が不動産所得の経費として計算されますので，取得価額から，毎年計算される減価償却費の累計額を差し引いた帳簿価額を売却時の取引価額として設定する方法です。このケースでの具体的な計算は，以下のとおりです。

減価償却費　200,000,000円×0.020[注1]×6年＝24,000,000円

譲渡価額　　200,000,000円－24,000,000円＝176,000,000円（＝帳簿価額）

（注1）　鉄筋コンクリート造建物（事務所用）の耐用年数50年，
定額法償却率0.020

(4) **再調達価額から減価償却費を差し引いて算定する方法**

売却を行う時点に建築をしたと仮定した場合の新築価額（再調達価額）から減価償却額を差し引いて算定する方法です。再調達価額は，国土交通省が公表している建築着工統計から国税庁が算出した建築価額表を参照することができます。このケースでの具体的な計算は，以下のとおりです。

再調達価額　276,900円$^{(注2)}$×1,000㎡＝276,900,000円

譲渡価額　　276,900,000円×(1−0.040)$^{6(注3)}$＝216,745,631円

（注2）　令和2年の鉄筋コンクリート造の再調達価額276,900円／㎡

　　　　　（国土交通省建築着工統計より）

（注3）　鉄筋コンクリート造建物（事務所用）の耐用年数50年

　　　　　定率法償却率0.040（法基通9−1−19）

(5)　相続税評価額（＝固定資産税評価額）に基づく算定方法

　建物の売却時の固定資産税評価額を譲渡価額とする算定方法です。

　個人と同族会社との間の譲渡価額の決定は慎重にする必要があるので，費用はかかるものの不動産鑑定士に依頼するのが望ましいと考えられます。

2　税　　　金

　テナントビルの売却にかかる税金には，あなた（売却側）には所得税，住民税，消費税，息子さんの会社（購入側）には不動産取得税，どちらかが負担するものとして登録免許税，印紙税（売買契約書の印紙代）があります。それぞれの税金と注意点について見ていきます。

(1)　所得税，住民税

　テナントビルを売却した場合には，売却益が譲渡所得となり所得税及び住民税が課されます。売却益は譲渡価額から取得費及び譲渡費用を差し引いた金額となり，税額は売却益に税率を乗じた金額となります。

　このケースの場合の税額は，6年前に建物を新築しているので長期譲渡所得に区分され売却益に税率20.315％（復興特別所得税を含みます）を乗じた金額となります。

(2)　消　費　税

　売却するあなた側の消費税は，売却年に納税義務がある場合には譲渡価額が課税売上げになるため，納税する税額が増加します。また，2年後は基準期間における課税売上高が5,000万円を超えることとなるので，原則課税となります。

　一方，購入する息子さんの会社側の消費税については，購入年度に納税義務

がある場合原則課税であれば課税仕入れとして仕入税額控除を行うことができます（令和5年10月1日以後の譲渡の場合は，適格請求書等保存方式に変わるため，仕入税額控除額が一定額制限される可能性があります）。また，原則課税で計算した場合，今回のケースでは譲渡価額は1,000万円以上となり高額特定資産に該当するため，翌年度以降一定の期間簡易課税を選択できないなど制限が生じます。

⑶　印紙税，不動産取得税，登録免許税

契約時には売買契約書に印紙を貼付する必要があります。

テナントビルの売却の場合，不動産取得税は建物の固定資産税評価額の4％と計算され，購入した息子さんの会社側に課されます。

登録免許税は所有権移転登記の際に納める税金で，固定資産税評価額の2％と計算され，一般的には購入した息子さんの会社側が負担します。

3　権利金の認定課税

売却後には，あなたが土地を所有し息子さんの会社がその土地の上の建物を所有することになるので，通常権利金の授受を行う地域では借地権が設定されたことになります。権利金の授受を行わない場合には，会社側が借地権分の経済的利益を享受したとして，一定の金額が受贈益として法人税課税されます（権利金の認定課税といいます）。仮に権利金を支払わなかった場合に認定課税の対象となる受贈益の金額は，以下の算式のとおりです（法基通13−1−3）。

$$土地の更地価額 \times \left(1 - \frac{実際の地代の年額}{相当の地代の年額} \right)$$

ただし，以下の二つの場合には，権利金の支払いがない場合でも，権利金の認定課税は行われません。

⑴　相当の地代による土地の賃貸借の場合

権利金の授受を行う代わりに相当の地代を支払う場合です。相当の地代の計算方法は通達に定められており，下記の算式で求めます（法基通13−1−2，法人税法個別通達平成元年3月30日直法2−2）。

土地の更地価額×おおむね年6％

土地の更地価額は，その土地の時価，又は課税上弊害がない限り，近隣の土地の公示価格等から合理的に計算した価額か，その土地の相続税評価額又はその評価額の過去3年の平均額により計算することも認められます。

　なお，相当の地代での土地の賃貸借を行うこととした場合，相当の地代はおおむね3年以下の期間ごとに見直しをしなければなりません。

⑵　無償返還の届出を行う場合

　相当の地代に満たない地代により土地の賃貸借を行い，「土地の無償返還に関する届出書」を税務署に提出した場合です。

　賃貸借契約書に将来借地人がその借地を無償で返還することを定めたうえ，「土地の無償返還に関する届出書」を作成します。その作成した「土地の無償返還に関する届出書」を，契約書の写し，土地の価額の計算明細などとあわせて，賃貸借の契約締結後遅滞なく，契約当事者の連名で土地所有者の所轄税務署に提出します。

第7章

株式譲渡の
ケーススタディ

相続税対策としての従業員持株会の活用

Q66

私は同族である非上場会社（甲社）のオーナーであり，甲社の株式を私が80％，後継者である息子が20％所有しています。甲社の業績は良く，原則の相続税評価額が高いため，将来私に相続が発生した際の相続税負担が心配です。

対策として，生前に私所有の株式の移転を考えていますが，原則的評価による贈与や譲渡では資金負担が大きいため，原則的評価より低い配当還元価額での移転はできないかと考えています。

そこで，従業員持株会を設立し，私が所有する株式をある程度の割合について従業員持株会へ配当還元価額で譲渡することを検討しています。この従業員持株会設立に当たり，注意すべきことを教えてください。

Point

- 従業員持株会への売買価額については，買主側の時価である配当還元価額でよいと考えられる。
- 従業員持株会の設立については，民法上の組合方式を取るのが一般的である。
- 従業員持株会に与える議決権については，オーナー一族が特別決議を可決することができる分を確保する等，政策上留意する必要がある。
- 従業員持株会の設計については税理士等の専門家に相談し，税務上の否認を受けないよう慎重に行う必要がある。

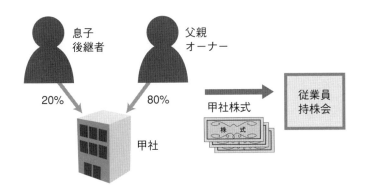

A 1 相続対策の考察

　オーナーであるあなたに相続が発生し，後継者である息子さんに甲社株式が相続される場合には，相続税評価額は原則的評価となり，相続税負担が大きくなります。そこで，相続発生前にオーナー所有の甲社株式80％のうちいくらかを配当還元価額で譲渡しておけば，オーナーの所有財産は「原則的評価額である甲社株式」から「配当還元価額の現預金」に変わるため，将来相続が発生した時の相続税が減少する効果が生じます。

　配当還元価額で移せる相手先としては，中心的な同族株主(注)に該当しない親族や従業員等が考えられますが，本来は後継者や後継者に近い親族に株式を集約させるべきですので，将来の株式分散リスクを考えるとあまり好ましくありません。そこで，従業員持株会を活用することが考えられます。

　(注)　中心的な同族株主とは，同族株主の１人並びにその株主の配偶者，直系血
　　　　族，兄弟姉妹及び１親等内姻族で有する議決権の合計数がその会社の議決権
　　　　総数の25％以上である場合におけるその株主をいいます。

2 従業員持株会の設立

　従業員持株会の設立には「民法上の組合」，「任意団体」，「人格のない社団」の三つの形態がありますが，ほとんどの場合が民法上の組合による方法で設立されています。この民法上の組合による方法で従業員持株会を設立した場合，組合の保有する株式については，持株会の組合員である従業員が共有することとなります。また，株式の配当金は組合員において配当所得として課税される

ことになります。

民法上の組合の設立については，株式会社の設立のように登記や定款認証といった手続きは必要ありません。従業員持株会規約の作成によって，比較的容易に設立することができます。ただし，設立が容易だからといって，従業員が株主となっていることも知らないような状況であり事実上持株会に実態がない場合には，税務調査等で従業員持株会名義の株については実態がオーナー所有の株であるとして税務否認されることも考えられます。よって，従業員持株会の設計については税理士等の専門家に相談し，税務上の否認を受けないよう慎重に行う必要があります。

3　従業員持株会のメリット

従業員持株会を活用するメリットとしては，オーナーから従業員へ原則的評価よりも低い配当還元価額で譲渡できること，自社の株式を従業員持株会の中で保有し続けることにより安定株主対策ができることです。また，従業員に自社株を持たせることで経営への参画意識を持たせることも可能ですし，利益を従業員に配当で還元することができるなど福利厚生制度としての効果も期待できます。

4　オーナーが所有すべき議決権について

相続対策になるからといって，大量の株式を従業員持株会に譲渡してしまうのは，会社の経営上好ましくありません。従業員持株会に譲渡する株式の割合については，少なくともオーナー側単独で特別決議が取れるなど，会社の経営権について考慮することが必要です。場合によっては，従業員持株会に与える株式については無議決権株式とするなどの対策も考えられます。本ケースにおいては，現状は親族で100％を所有していますので，経営判断によりますが,20～30％程度の株式を従業員持株会へ移転することも可能と考えられます。

5　従業員持株会への譲渡価額

オーナー所有の甲社株式を従業員持株会へ譲渡する際の売買価額については，オーナー一族の譲渡後の議決権割合が50％超であり，購入する従業員側が少数

株主となる状況であれば，税務上は買手側の時価である配当還元価額で問題ないと考えられます。譲渡に伴い発生する税金については，譲渡するオーナー側では，株式の譲渡所得について所得税15.315％，住民税5％が課税されます。取得する従業員側については，取得資金を従業員本人が負担している場合には，取得の際に特に課税関係は生じません。

　留意点として，甲社が株式の取得資金を負担している場合には，取得した従業員に給与課税が生じることになります。なお，甲社が従業員の取得資金を負担したものの，従業員自身が株を所有している認識がなく，持株会の実態がないと判断されるような場合には，あなたの甲社株式の譲渡は，甲社に対する譲渡，つまりは甲社の自己株式の買取りであると認定される可能性も考えられます。そうしますと，あなたの株式の譲渡が配当還元価額で行われていることにより，その譲渡が時価よりも著しく低額であるとされ，時価で譲渡されたとみなされる「みなし譲渡」のリスク等が生じることになります（**Q54**参照）。よって，従業員持株会の設立の際に，従業員の株式取得資金を従業員自身が負担していることを明確にできる仕組みを整えておくことが必要です。

6　従業員退職の際の買取り

　株式を取得した従業員が退職する際には，自社株式が会社関係者以外へ流失してしまうことを防ぐため，退職従業員所有の株式を従業員持株会が買い取る旨を規約に明確に定めておく必要があります。その際の価額は，配当還元価額をもととした金額でよいと考えられます。なお，譲渡価額が取得の時の価額を上回るようであれば，退職従業員には株式の譲渡所得について所得税15.315％，住民税5％が課税されます。

相続税の納税猶予制度活用のための株式移転方法

Q67

　自社株の納税猶予制度（特例措置）について，先代経営者要件として相続開始の直前において同族関係者の中で筆頭株主であること，という要件があると聞きました。当社（甲社）の株式については，現在，私（代表取締役）が30％，妻（創業者の娘。会社の経営には関与していない）が40％，長男（役員，事業承継者）が15％，次男が15％所有しています。

　私より代表者ではない妻の持株割合の方が多いため，このままでは私は筆頭株主とならず，制度を適用できません。納税猶予制度を適用するために，何かよい方法はありますでしょうか？

> **Point**

- 非上場株式の納税猶予制度には，一般措置と特例措置がある。
- 相続税の納税猶予制度とは，条件を満たせば最も多いところで，一般措置の場合には発行済株式総数の3分の2まで80％の相続税が，特例措置の場合には，相続等により取得する株式に係る相続税が猶予される制度である。
- 特例措置は，令和5年3月31日までに「特例承継計画」を都道府県に提出し，確認を受け，令和9年12月31日までに株式を移転する必要がある。
- 納税猶予制度については，相続が起こった後では対応できないケースが多いため，事前の対策が必要となる。
- 先代経営者が相続開始の直前において代表者でない場合には，「代表権を有していた期間内のいずれかの時」と「相続開始の直前」のどちらの時点においても筆頭株主の要件を満たす必要があり，注意が必要となる。

株　主	持株(議決権)比率	役　　　　職
妻	40%	会社に関与していない
私	30%	代表取締役
長男	15%	役員（事業承継者）
次男	15%	会社に関与していない
計	100%	

A　1　相続税の納税猶予制度（特例措置）の概要

　相続税の納税猶予制度とは，後継者である相続人等が，相続等により，都道府県知事からの円滑化法※認定を受ける非上場会社の株式等を被相続人（先代経営者）から取得し，その会社を経営していく場合には，その後継者が納付すべき相続税のうち，その株式等に対応する相続税の納税が猶予される制度です。

※円滑化法とは，中小企業における経営の承継の円滑化に関する法律のこと。

図表7－1

主な適用要件	内　　　　容
先代経営者である被相続人の主な要件	・会社の代表者である（あった）こと ・本人及び同族関係者で議決権を50％超保有していること ・代表者である（あった）ときに同族内で筆頭株主である（あった）こと
後継者である相続人等の主な要件	・相続開始から5か月後において会社の代表者であること ・相続開始の時において，後継者及び後継者と同族関係等がある者で総議決権数の50％超の議決権数を保有し，かつ，これらの者の中で最も多くの議決権を保有することとなること ・相続開始の直前において会社の役員であること（除外規定あり）
対象会社に関する主な要件	次の会社のいずれにも該当しないこと ・上場会社 ・中小企業者に該当しない会社 ・風俗営業会社 ・資産管理会社(注) ・総収入金額が零の会社，従業員数が零の会社

（注）　資産管理会社とは，有価証券，自ら使用していない不動産，現金・預金等の特定の資産の保有割合が帳簿価額の総額の70％以上の会社や，これらの特定の資産からの運用収入が総収入金額の75％以上の会社など一定の会社をいう。

（参考）　親族でない者が後継者となった場合であっても納税猶予制度の適用を受けることができる。

図表 7 - 2

① 特例措置の場合には，令和 5 年 3 月31日までに「特例承継計画」を都道府県に
   提出し，確認を受ける必要がある。なお，株式等の相続後に作成，提出すること
   も可能。
② 相続開始後に「中小企業における経営の承継の円滑化に関する法律」に基づき，
   会社の要件，後継者（相続人等）の要件，先代経営者（被相続人）の要件を満た
   していることについての「円滑化法認定」を都道府県知事から受ける。
③ 相続税の申告期限までに，この特例の適用を受ける旨を記載した相続税の申告
   書及び一定の書類を税務署へ提出するとともに，納税が猶予される相続税額及び
   利子税の額に見合う担保を提供する必要がある。

　この制度の主な適用要件は大きく分けると，先代経営者である被相続人に関
する要件，後継者である相続人に関する要件，及び対象会社に関する要件の三
つに区分され，各要件の内容は前頁図表 7 - 1 のとおりとなります。

　この制度の申告手続きなどの流れは，図表 7 - 2 のとおりとなります。

　また，特例措置については令和 5 年 3 月31日までに特例承継計画を都道府県
に提出し，令和 9 年12月31日までの相続等に限られます。

2　本ケースについての考察

　先代経営者に関する要件以外はすべて満たすと仮定した上で，本ケースにつ
いて考察してみます。相続税の納税猶予制度を活用するには，相続発生前に納
税猶予を受けることができる要件を満たしておく必要があります。現状では，
あなたより代表者でない妻の持株割合の方が多いため，このままではあなたは
筆頭株主とならず，制度を適用できません。

　対策としてまず考えられるのが，代表者であるあなたの所有株式を贈与又は
売買により増やすことです。現状は妻が40％を所有し筆頭株主ですので，あな
たが次男から10％を取得し40％まで所有株式数を増やすか，妻から 5 ％を取得
し，あなたと妻が35％所有となることで，あなたは筆頭株主となり，先代経営

者要件をクリアすることになります。

　売買の場合の価額については，買手側であるあなたの時価（原則的評価である相続税法上の時価）で行えば，税務上の問題は生じないものと考えられます。なお，時価よりも低い価格で売買した場合においては，売買価額と時価との差額に対してあなたに贈与税が課される可能性があります。贈与税については，「著しく低い価額の対価で財産の譲渡を受けた場合には，その財産の譲渡があった時において，その財産の譲渡を受けた者が，その対価とその譲渡があった時におけるその財産の時価との差額に相当する金額をその財産を譲渡した者から贈与により取得したものとみなす」（相法7）という規定があり，この「著しく低い価額」については特に定義されておらず，取引の事情を総合的に勘案して判定することになります。

　次に対策として考えられるのが，妻の持株割合を下げることです。例えば妻所有の株式を親族以外の者へ10％譲渡すれば，あなたと妻の持株割合はともに30％となり，あなたは筆頭株主となります。この場合の売買価額については，親族以外の少数株主が買い受けることになりますので，買手側の相続税法上の時価である配当還元価額で問題ないと考えます。なお，株式を譲渡する妻については，株式の譲渡所得について所得税15.315％，住民税5％が課税されます。

　ただし，親族以外の者に株式が分散するため，将来的な買戻し時のリスク等を踏まえて検討する必要があります。

　また，妻所有の株式を長男に10％贈与する方法も考えられます。この場合，長男に対して贈与税が課税されます。受贈者である長男は同族株主等に該当するため，原則的評価である相続税法上の時価を基に贈与税を計算します。相続時精算課税制度選択の検討も可能です。

　ところで，あなたが相続開始の直前において会社の代表者でない，例えば相続開始時点において後継者である長男が代表者であるような場合には，あなたが「代表権を有していた期間内のいずれかの時」と「相続開始の直前」のどちらの時点においても筆頭株主であったという要件を満たしている必要があります。つまりは，あなたが代表者であるうちにあなたが筆頭株主となるように対策する必要があるということです。

　また，特例経営承継期間といわれる納税猶予を受けてから5年間の期間内に

おいて，例えば適用を受けた株式を譲渡した場合等，納税猶予の期限確定事由が発生した場合には，猶予されていた相続税を利子税とともに納付しなければなりませんので，実際の納税猶予制度の活用については後継者や税理士等の専門家を交えて，よく検討する必要があります。

　さらに，長男への会社の経営及び株式の早めの承継を検討する場合には，贈与税の納税猶予制度（特例措置）を活用しての贈与も考えられます。贈与税の納税猶予制度の適用に当たっては，持株割合の要件整備と併せて次のような要件を満たしているかの確認も必要となります。

・贈与時点であなたから長男に代表権を譲っていること

・長男が役員を３年以上継続していること

・長男へ対象株式を一括して贈与すること

・令和５年３月31日までに「特例承継計画」を都道府県に提出し，令和９年12月31日までに株式を贈与すること

　従来，贈与税の納税猶予の適用を受ける株式の贈与については，相続時精算課税制度を適用することができず，暦年課税により贈与税額を計算することとなっていました。しかし，平成29年１月１日以後の贈与については，相続時精算課税制度の選択が可能となり，納税猶予が打ち切られた場合の贈与税負担が軽減されることとなりました。贈与税の納税猶予制度を活用し，代表権と株式を生前に長男に譲り，承継後の事業が軌道に乗るまであなたが役員や相談役としてサポートすることも一つの方法です（**Q68**参照）。

　なお，特例措置の場合には，先代経営者から後継者への贈与後，一定の期間内であれば，先代経営者以外の株主から後継者への贈与についても，贈与税の納税猶予制度の適用が可能になります。

　以上により，納税猶予制度の適用をお考えであれば，適用要件を満たすことはもちろん，期限までに「特例承継計画」の提出を忘れずに行うことが重要となります。

3 親族以外の後継者への無償での 株式承継方法

Q68

私は甲社（非上場会社・譲渡制限付き）の代表取締役社長ですが，この度，引退することを決意しました。甲社の株式については，私が90％，取締役Aさん（親族ではありません）が10％を所有していますが，引退に当たり甲社の経営及び私が所有する株式全てをAさんに譲ろうと考えています。

私は甲社から十分な額の退職金を受け取りますし，事業を引き継いでくれるAさんの負担はできるだけ減らしたいので，Aさんには株式を無償で譲り渡そうと考えています。Aさんに甲社株式を無償で譲り渡すにはどのような方法があるでしょうか。また，それぞれの方法について税務上の取扱いを教えてください。

Point

- Aさんへ無償で甲社株式を譲り渡す一番シンプルな方法は，Aさんへ甲社株式を贈与する方法である。
- 親族以外への贈与についても納税猶予制度の適用が可能である。
- Aさんへの贈与と同様の効果が得られる方法として，Aさんが100％株式を所有する法人（乙社）へ甲社株式を無償で譲渡する方法，甲社へ甲社株式を無償で譲渡する方法があるが，それぞれ社長，Aさん，甲社及び乙社に対する課税関係に注意が必要である。

A 1　社長からＡさんへ甲社株式を無償で譲り渡す方法

　社長からＡさんへ甲社株式を無償で渡す方法として一番シンプルな方法は，社長からＡさんへの甲社株式の贈与です。贈与後は，甲社の株主はＡさん100％となります。

　また，社長からＡさんへ甲社株式を譲り渡すということとは異なりますが，「金銭の授受を行わない」，「Ａさんが甲社の議決権の100％を所有する」ということについて，実質的に同様の効果が得られる方法としては，社長からＡさんが株式を100％所有する法人（乙社）へ甲社株式を無償で譲渡する方法，社長から甲社へ甲社株式を無償で譲渡する方法も考えられます。

　社長から乙社へ甲社株式を無償で譲渡した場合，甲社の株主は乙社が90％，Ａさんが10％となります。乙社の株式をＡさんが100％所有している場合，乙社が所有する甲社株式に係る議決権行使も実質的にＡさんが決定することができるため，Ａさんが甲社の議決権の100％を所有することとなります。Ａさんがすでに法人を所有している場合やＡさんが将来的に自身の資産管理会社設立を希望しているような場合には，Ａさん個人ではなくＡさんが所有する法人へ株式を渡す方法を検討してもよいでしょう。

　社長から甲社へ甲社株式を無償で譲渡した場合，甲社の株主は甲社（自己株式）が90％，Ａさんが10％となります。自己株式については議決権を有しないこととされています（会社法308②）ので，Ａさんの株式所有割合は10％ですが，議決権を100％所有することとなります。

2　社長からＡさんへの甲社株式の贈与

⑴　贈与に当たって必要な手続き

　甲社の株式は譲渡制限が付されていますので，贈与する際には譲渡の場合と同様に取締役会（又は株主総会）の承認が必要であり，株式名義書換申請，株券の引渡し（株券発行会社の場合）などの手続きも譲渡の場合と同様に進める必要があります（第１章参照）。

　また，贈与契約は当事者間の同意があれば成立しますので，口頭でも契約は成立しますが，後々のトラブルを避けるため，贈与契約書を作成しておく方がよいでしょう。

⑵　贈与した場合の課税関係

　社長からＡさんへ甲社株式を贈与した場合には，Ａさんに対して贈与税が課税されます。なお，贈与税の計算は相続税法で定められているため，贈与税の計算の基礎となる甲社株式の時価は相続税法上の時価です。本ケースの場合，贈与後にＡさんは甲社株式の100％を取得することとなりますからＡさんは同族株主等に該当し，原則的評価額を基に贈与税を計算することとなります（**Q38**，**Q39**，**Q40**参照）。

⑶　贈与税の納税猶予制度（特例措置）

　贈与税の納税猶予制度とは，後継者が先代経営者から贈与により株式を取得し，引き続きその会社を経営していくなど一定の要件を満たす場合には，その株式の贈与に係る贈与税の全額について，その贈与者の死亡等の日まで納税が猶予される制度です。なお，納税猶予の適用を受けるためには贈与後の後継者の保有株式数が，発行済株式総数の３分の２以上となるまでの株式を一括で贈与する必要があるため注意が必要です。

　贈与者である先代経営者が死亡した場合には，猶予されていた贈与税は免除されますが，贈与税の納税猶予の適用を受けていた株式については，先代経営者から相続により取得したものとみなされ相続税の対象となります。その際，一定の要件を満たした場合には，相続により取得したものとみなされた株式について，相続税の納税猶予制度（特例措置）の適用を受けることができます（**Q67**参照）。

　ところで，納税猶予制度は，「親族」への事業承継に適用が限定されていましたが，中小企業の後継者不足が叫ばれるなか，有能な人材を広く登用できるようにするという目的から，「親族外」への事業承継についても適用することができるようになりました。贈与税の納税猶予制度の適用要件を満たせるかどうか，また，納税猶予制度のメリット・デメリットを十分検討した上で，贈与を実行するのも一つの方法です。

3　社長から乙社への甲社株式の無償譲渡

⑴　譲渡に当たって必要な手続き

　2⑴と同様，契約書の作成，譲渡承認，株式名義書換申請，株券の引渡し（株

券発行会社の場合）などの手続きが必要です。

⑵　無償譲渡した場合の課税関係

①　社長の課税関係

社長が乙社へ甲社株式を無償で譲渡した場合，社長は対価を得ていませんが，税法上は甲社株式を時価で譲渡したものとみなされ，社長に所得税等が課税されます（みなし譲渡，所法59①一）。この場合，譲渡所得の計算の基礎となる甲社株式の時価は所得税法上の時価です。社長は譲渡直前において甲社株式の90％を所有しており，同族株主等に該当するため原則的評価額をもとに所得税等を計算することとなります（**Q38**，**Q39**，**Q41**参照）。

②　乙社の課税関係

乙社は無償で甲社株式という価値のある財産を取得していますので，甲社株式の時価相当額について経済的利益を得たものとして法人税等が課税されます。この場合，法人税等の課税所得計算の基礎となる甲社株式の時価は法人税法上の時価です。乙社は取得後において甲社株式の90％を所有しており，同族株主等に該当するため原則的評価額を基に法人税等の課税所得を計算することとなります（**Q38**，**Q39**，**Q41**参照）。

③　Aさんの課税関係

乙社はAさんが100％株式を所有しており，同族会社に該当するため，社長から乙社への甲社株式の無償譲渡により，Aさんが所有する乙社株式の価値が増加した場合には，その増加した部分についてAさんは社長から贈与を受けたものとして贈与税が課税されます（相基通9－2）。

4　社長から甲社への甲社株式の無償譲渡

⑴　譲渡に当たって必要な手続き

社長から甲社へ甲社株式を無償譲渡する場合は，甲社にとって自己株式の取得となります。通常，特定の者から自己株式取得を行う場合には，株主総会の開催等の手続きが必要となります（**Q 9**参照）が，無償での自己株式取得の場合は，これらの手続きは会社法上規定されていません。実務上は，取締役会（取締役会設置会社でない場合は取締役の過半数）の決議で取得する株式数等を決定します。

(2) 無償譲渡した場合の課税関係

① 社長の課税関係

3(2)①と同様，税法上は社長が甲社株式を時価で譲渡したものとみなされ，社長に所得税等が課税されます。なお，自己株式取得を行った場合，譲渡対価のうち譲渡株式に対応する資本金等の額を超える部分については配当とみなされます（**Q34**参照）が，本ケースのような無償譲渡の場合には，譲渡対価がありませんのでみなし配当は生じません。

② 甲社の課税関係

自己株式の取得は資本等取引に該当するため，原則として甲社に法人税等は課税されません。

③ Ａさんの課税関係

甲社は同族会社に該当するため，社長から甲社への甲社株式の無償譲渡により，Ａさんが所有する甲社株式の価値が増加した場合には，その増加した部分についてＡさんは社長から贈与を受けたものとして贈与税が課税されます（相基通9－2）。

図表7－3　社長から甲社株式を無償譲渡（贈与）した場合の課税関係と考慮すべき税務上の時価

		社長	Ａさん	乙社	甲社
甲社株式の取得者	Ａさん	—	贈与税 相続税法上の時価	—	—
	乙社	所得税等 （みなし譲渡） 所得税法上の時価	贈与税 （みなし贈与） 相続税法上の時価	法人税等 （受贈益課税） 法人税法上の時価	—
	甲社	所得税等 （みなし譲渡） 所得税法上の時価	贈与税 （みなし贈与） 相続税法上の時価	—	原則　課税なし

(注)　各税法における時価については**Q39**参照

4 経営者の株式買取りニーズ

Q69

私は甲社（非上場会社・譲渡制限付き）のオーナーであり，株式は私が90%，残り10%は役員（同族株主等に該当しない）が所有しています。

この度，甲社株10%を所有する役員の退職に当たり，その10%分を買い取りたいと考えています。そこで，私個人が買い取る場合と，甲社が買い取る場合の，株式買取りの手続きや，税務上問題のない買取価格などについて教えてください。甲社株式の時価は1株当たり1万円（個人・法人ともに同じ），配当還元価額は1株当たり500円です。資金負担の都合上，できるだけ低い価格で買い取りたいと考えています。

Point

- 株式を個人が買い取る場合と法人が買い取る場合では，それぞれ手続きが異なる。
- 売買価格については，基本的には当事者間の合意により決定するが，買手側の時価で取引をすれば，税務上の問題は生じないと考えられる。
- 税務上は，低額買取りや高額譲渡とされる部分については，贈与税が課される可能性がある。

A 1 個人（オーナー）が買い取る場合

(1) 株式買取りの手続き

甲社の株式は譲渡制限が付されていますので，譲渡する際には取締役会（又

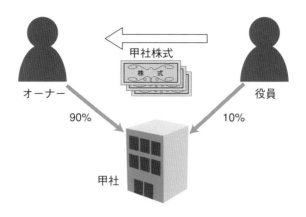

は株主総会）の承認が必要であり，所定の手続きに従い株式の譲渡を進める必要があります（第1章参照）。

(2) 売買価格の決定

売買価格については，基本的にはオーナーであるあなたと役員との間の合意により決定します。ただし，税務上は互いに合意した価格で売買したとしても，利益を受けた側，つまりは時価よりも著しく低い価額で購入した場合の譲受け側，時価よりも著しく高い価額で売却した場合の譲渡側に，贈与税が課されることがありますので注意が必要です。

例えば個人間で非上場株式を時価より低い価格で売買した場合においては，所得税法上，売手側で時価を基準とした課税関係が生じることは通常ありません。一方，買手側では時価未満の部分について相続税法の規定に従って贈与税が課されることになります。そのため，個人間で非上場株式の売買をした場合の税務上の時価は相続税法上の時価となり，買手側の時価で取引をすれば税務上の問題は生じないものと考えられます。

(3) 本ケースについての考察

本ケースで見てみますと，オーナーであるあなたにとっての時価は1株1万円であり，少数株主である役員にとっての時価は1株当たり500円となります。この場合において，買手側であるあなたにとっての時価である1万円で売買した場合は，税務上の問題は生じないと考えられます。一方，売手側である役員にとっての時価である1株当たり500円で売買した場合は，買手側であるあな

たは明らかに時価よりも著しく低い価格で甲社株式を取得していますので，時価と配当還元価額との差額である1株当たり9,500円についてあなたに贈与税が課されることになると考えられます。

売手側である役員については，譲渡価格が取得時の価格を上回るようであれば，株式の譲渡所得について所得税15.315％，住民税5％が課税されます。

ところで，あなたはなるべく資金負担を少なくして買い取りたいと考えているようですが，会社の内部事情を知る役員からすれば，配当還元価額で譲渡するのは安すぎると考えるかもしれません。価格交渉の中で，時価と配当還元価額との間の金額で合意することも考えられます。例えば1株4,000円で売買することになった場合，あなたにとっての時価1万円に対して売買価格4,000円が「著しく低い価額」に当たることになれば，差額の1株6,000円について贈与税が課される可能性があります。その際の役員の株式の譲渡所得の計算については，売買価格の1株4,000円をもとに計算し，その譲渡所得について所得税15.315％，住民税5％が課税されることになります。

2　甲社が買い取る場合

(1)　自己株式買取りの手続き

甲社自体が役員から甲社株式を買い取る場合には，甲社にとって自己株式の取得となります。自己株式の取得については，株主総会の開催により決定することになります。手続きとしては，原則2週間前までに株主総会の開催の旨と，他の株主に対して買い取る株数や金額などを通知します。その際，他の株主も追加で会社に買い取ってほしい場合にはその旨を会社に請求できることも，合わせて通知する必要があります（第1章参照）。なお，本ケースにおいては，あなたの他に株主は退職する役員しかおりませんので，他の株主からの買取請求については考慮しなくてよいことになります。

(2)　売買価格の決定

自己株式の買取価格については，買手側の法人の時価である1万円で買い取る場合には，課税上の問題は生じないと考えられます。なお，自己株式の買取価格が時価よりも低い価格である場合には，課税上問題ないと考えられるケースと問題のあるケースが想定されます。課税上問題ないと考えられるものとし

ては，例えば会社が自己株式として少数株主から配当還元価額で買い取り，間を置かずに他の少数株主に同じく配当還元価額で取得させているようなケースです。課税上問題があると想定されるものとしては，会社が配当還元価額で買い取り，そのまま自己株式として保有し続けるようなケースです。会社が配当還元価額のような低い価格で自己株式として買い取ることにより，その分他の支配株主の株式価値が増加することになりますので，他の支配株主に「みなし贈与」課税がされることになります。

(3)　本ケースについての考察

　本ケースにおいては自己株式取得後の株式移動は想定されていませんが，甲社がこのまま自己株式として所有し続けるのであれば，時価よりも低い価格で甲社が自己株式を取得したならば，甲社株式の価値増加分について，あなたに「みなし贈与」があったものとして贈与税が課されることになります。

　なお，譲渡した役員については，譲渡対価のうち資本金等の額を超える部分については，「みなし配当」課税が行われることになります（**Q34**参照）。

　ところで，自己株式を買い取った甲社においても，時価よりも低い価格で買い取った場合には，甲社に受贈益課税される可能性はあるのでしょうか。これについては，自己株式の取引は会社にとって資本等取引ですので，原則としては損益取引に該当せず，甲社に課税はされないこととなります。

5 経営に関与していない株主の売却ニーズ（相続で取得した株式の売却）

Q70

　X１年５月10日，父からの相続で甲会社（非上場会社・譲渡制限付き）の株式1,500株を取得しました。相続税申告も納税も終わり，会社に名義変更の手続きを連絡したところ，会社側から株式1,500株を買い取りたいと申し出がありました。私は勤務医として働いており，不要な株式ですので，売却しようと思います。売却する際の注意点について教えてください。なお，私が取得した相続財産の合計額は２億円で，そのうち甲会社の株式評価額は1,200万円でした。納付した相続税額は3,000万円です。

Point

- 株式発行会社からの株式買取りの申出はできるだけ活用する。
- 相続により取得した株式を売却するのであれば，特例が適用できるように相続開始日から３年10か月以内がよい。
- 売却するまでに「相続財産に係る非上場株式をその発行会社に譲渡した場合のみなし配当課税の特例に関する届出書」を発行会社へ提出する。

A　1　手続きと価格

　非上場会社の株式は流通性が低く，上場株式に比較して売却が困難です。売却しようと思っても譲渡制限が付いているため手続き的にも面倒ですし，そもそも買手を見つけること自体が難しいものです。その点，発行会社から株式を買い取りたいと申し出があったのであれば，手続きについては会社側が行って

くれるでしょうし，買手を探す手間が省けます。甲社株式は譲渡制限が付いていますので，譲渡する際には取締役会（又は株主総会）の承認が必要であり，会社側が買い取る際には株主総会において自己株式買取りの決議をしておかなくてはなりません。会社側から買い取りたいとの意思表示は売却のチャンスですので，保有し続ける意思がないのであればその申出にのって処分してしまうのがよいでしょう。

　また，会社側から買取りの申出をしてくる場合は，買取価格についても会社側が提示してくると考えられます。売却価格にこだわらないのであれば，会社側から提示された価格で売却してもよいでしょう。ただし，法人との取引になりますので，時価の2分の1未満での売却は，「みなし譲渡」の規定が適用され，売却代金ではなく，時価で売却したものとして譲渡税を計算することになりますのでご注意ください。相続税申告の際に株式評価をしていますので，その価格を参考にすれば会社側の提示した価格が妥当かどうかの判断の目安になると思います。価格の相談を専門家にしたいのであれば，相続税申告を税理士に依頼していると思いますので，その税理士に価格の相談をするのがよいでしょう。

2　相続開始日から3年10か月以内の譲渡

　相続により取得した株式を譲渡するのであれば，相続税開始日から3年10か月以内に譲渡すれば適用できる特例が二つあります。「取得費加算の特例」と

図表7−4

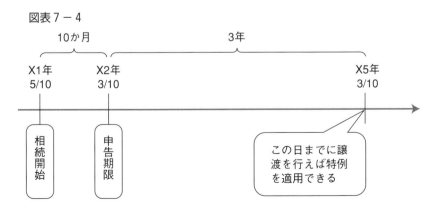

「相続財産に係る非上場株式をその発行会社に譲渡した場合のみなし配当課税の特例」です。

　あなたの場合は，相続開始日がX１年５月10日ですので，その相続申告期限は10か月後のX２年３月10日となり，その申告期限から３年後はX５年３月10日となります。つまり，X１年５月11日からX５年３月10日までの間に譲渡した方が，特例が適用できるため有利だといえます（前頁図表７－４）。

(1)　取得費加算の特例

　非上場株式を譲渡した際の「取得費加算の特例」とは，相続税を納めた人がその相続により取得した非上場株式を相続開始日から３年10か月以内に譲渡した場合には，譲渡所得の計算上，その譲渡した非上場株式に係る相続税を取得費とみなすという特例です（措法39）。つまり，その非上場株式を相続するに当たって納税した相続税相当額を取得費に加算できるということです。

　相続により取得した甲会社の株式を全部譲渡した場合の取得費に加算できる金額は次のとおりです。

＜計算式＞

$$\text{取得費に加算される相続税額} = \text{相続税額} \times \frac{\text{非上場株式の相続税評価額}}{\text{相続税の課税価格}}$$

$$3{,}000\text{万円} \times \frac{1{,}200\text{万円}}{2\text{億円}} = 180\text{万円}$$

　このように，180万円が取得費に加算できますので，譲渡するのであれば，相続開始日から３年10か月以内（申告期限から３年以内）の譲渡が有利です。

(2)　相続財産に係る非上場株式をその発行会社に譲渡した場合のみなし配当課税の特例

　非上場株式をその株式の発行会社に売却した場合は，原則として，第一段階としてまず売却代金から資本金等の額を控除した「みなし配当の金額」を計算し，次に第二段階として資本金等の額から取得金額を控除した「株式の譲渡益か譲渡損」の計算をします。図で示すと図表７－５のようになります。計算に当たり資本金等の額はその株式の発行会社に教えてもらいます。

　みなし配当は所得税の計算上，配当所得として総合課税されます。給与所得等と合算されて合計所得金額に応じた累進税率5.105％から45.945％（住民税

は10％）が適用されます。

株式の譲渡益には，申告分離譲渡所得として所得税15.315％，住民税5％が課税されます。株式の譲渡損が出た場合は他の非上場株式の譲渡による譲渡益との通算をすることができます。

あなたは勤務医として働いているとのことですので，給与所得があるため，総合課税されるよりも分離課税の方が，税率が低くなると推定されます。

相続により取得した非上場株式を申告期限から3年以内にその株式の発行会社に譲渡する場合において，その譲渡の日までに「相続財産に係る非上場株式をその発行会社に譲渡した場合のみなし配当課税の特例に関する届出書」（次頁参照）をその発行会社に提出す

図表7－5

① 譲渡益の場合

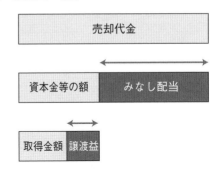

② 譲渡損の場合

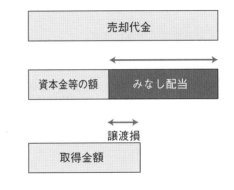

れば，売却代金が資本金等の額を超えていてもみなし配当課税は行われないという特例があります（措法9の7）。この特例は相続税額がなければ適用できないのですが，あなたは3,000万円の相続税額が課されていますので，適用できます。この特例を利用すれば高い税率になるであろうと推定される総合課税ではなく，株式の分離所得として所得税15.315％，住民税5％という低い税率が適用されます。

ポイントは，この「届出書」を譲渡の日までに発行会社に提出することです。通常，株式の発行会社が自己株式を買い取った際には，みなし配当を計算して，源泉所得税を差し引いた金額を譲渡者に渡します。そして，譲渡の日の属する月の翌月末までに「配当金の支払調書」を所轄税務署へ提出します。

相続財産に係る非上場株式をその発行会社に譲渡した 場合のみなし配当課税の特例に関する届出書（譲渡人用）

発行会社受付日付　税務署受付印 令和　年　月　日 税務署長殿	譲渡人	住所又は居所	〒 電話　－　－
		（フリガナ） 氏　　　名	
		個人番号	

租税特別措置法第9条の7第1項の規定の適用を受けたいので、租税特別措置法施行令第5条の2第2項の規定により、次のとおり届け出ます。

被相続人	氏　　　　　名		死亡年月日	令和　年　月　日
	死亡時の住所 又は居所			
納付すべき相続税額 又はその見積額		円	(注)納付すべき相続税額又はその見積額が「0円」 の場合にはこの特例の適用はありません。	
課税価格算入株式数				
上記のうち譲渡を しようとする株式数				
その他参考となるべき事項				

相続財産に係る非上場株式をその発行会社に譲渡した 場合のみなし配当課税の特例に関する届出書（発行会社用）

			※整理番号	

税務署受付印 令和　年　月　日 税務署長殿	発行会社	所　在　地	〒 電話　－　－
		（フリガナ） 名　　　称	
		法人番号	

上記譲渡人から株式を譲り受けたので、租税特別措置法施行令第5条の2第3項の規定により、次のとおり届け出ます。

譲り受けた株式数	
1株当たりの譲受対価	
譲受年月日	令和　年　月　日

(注) 上記譲渡人に納付すべき相続税額又はその見積額が「0円」の場合には、当該特例の適用はありませんの
　　で、みなし配当課税を行うことになります。この場合、届出書の提出は不要です。

※税務署 処理欄	法人課税部門	整理簿	確認	資産回付	資産課税部門		通信日付印	確認	番号
							年　月　日		

03.06 改正

図表 7 − 6

（届出書の流れ）

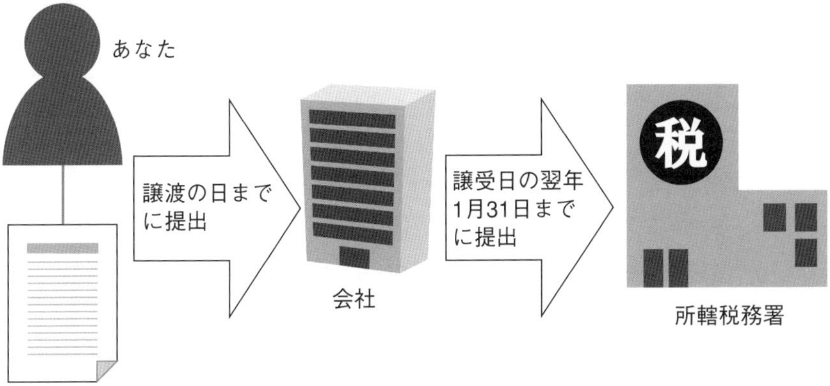

ただし，この「届出書」が譲渡の日までに発行会社に提出されていると，発行会社ではみなし配当の計算は行わず，譲り受けた日の属する年の翌年 1 月31日までにその受け取った「届出書」を所轄税務署へ提出します（図表 7 − 6 ）。

失敗事例としてあるのが，この特例があることは知っていても，届出書の提出を失念し，確定申告時にあわてて気づいたというケースです。もちろん，この失敗事例では特例は適用できず，譲渡代金が資本金等の額を超える部分はみなし配当として課税されました。届出書の提出がなければ特例の適用はできません。特例の適用を受けるには手続き規定までしっかり押さえる必要があります。

（注）　平成25年度税制改正において，平成28年 1 月 1 日以後の譲渡からは，非上場株式の譲渡損益と上場株式の譲渡損益との通算はできないことになりました。

6 経営に関与していない株主の売却ニーズ（売買価額が固定されている場合）

Q71

　私は，父の相続で取得した乙会社（非上場会社・譲渡制限付き）の株式を20年くらい前から1,000株持っています。不要な株式ですので，売却しようと思い乙会社の社長（私の弟）に相談したところ，親族間ではいつも１株4,000円で売買しているので，その価格で社長の長男（私の甥）に売ってくれと言われました。相続税評価額は１株6,000円とのことですが，課税上の問題はないのでしょうか。また，申告についても教えてください。旧額面は１株500円です。

（注）　平成13年10月１日施行の商法改正により，株券に金額の表示がある「額面株式」が廃止されました。平成13年９月以前は「額面株式」と株券に金額の表示がない「無額面株式」の発行ができていました。額面金額は，株券を発行した際の金額を表したものです。商法改正後もすでに発行された「額面株式」は存在していますので，一般的に「額面株式」の額面金額を旧額面といいます。

Point

- 低額譲渡に該当するため，甥に贈与税が課税される。
- 売却側は，実際の売却代金が譲渡収入となる。

A 1 税務上の考え方

　あなたと甥御さんとの間における乙株式の売買は，低額譲渡に該当すると考えられます。「著しく低い価額の対価で財産の譲渡を受けた場合においては，その財産の譲渡があった時において，その財産の譲渡を受けた者が，その対価とその譲渡があった時におけるその財産の時価との差額に相当する金額をその財産を譲渡した者から贈与により取得したものとみなす」（相法7）という規定があります。著しく低い価額かどうかの判定が悩ましいところですが，相続税法には，所得税法にあるような著しく低い価額の定義はありません。取引の事情を総合的に勘案して判定することになっています。今回のケースでは，あなたと甥御さんは親族という特殊関係者ですし，取引価額が親族間では固定されていますので，総合的に考えて著しく低い価額の取引であると考えられます。参考までに，「非上場株式について，著しく低い価額とは，時価の4分の3未満の額を指すと解するのが相当である」（大阪地裁昭和53年5月11日判決）という判例もあります。

　贈与認定される際の時価は個人間取引ですので相続税評価額と考えて問題ないため，時価は1株6,000円と考えます。対価は1株4,000円のため，時価と対価との差額をあなたから甥御さんに贈与したと考えます。

　非上場株式の場合，親族間で譲渡することが多いため，時期によって取引価額が異なると「あの人の時は○○円で買ってくれたのに，どうして自分の時は△△円と安くなったの。納得いきません」などと，なかなか売買がスムーズにいかないこともあるため，あらかじめ取引価額を親族間で決めておくケースはよくあります。

　ここで大切なことは，時価と対価との差額があれば贈与という問題が生じる可能性があるということを理解し，取引価格を決めている場合においても，時価はいくらかということは押さえておく必要があるということです。

2 売却側の税務

　あなたは，株式の売却をすることになりますので，売却日の属する年の翌年2月16日から3月15日の間に株式の譲渡所得の申告をしなくてはなりません。

　譲渡収入は受け取った売却代金となりますので，4,000円×1,000株＝400万

円です。取得費はお父様の相続で取得したということなので，お父様の取得費を引き継ぎます。不明な場合は，概算取得費として売却代金の5％を取得費とすることもできます。お父様の取得費をあなたが知らなくても乙会社の社長である弟さんは知っているかもしれませんので聞いてみるのも一つの方法でしょう。また，旧額面が1株500円とのことですので，お父様の取得価額は1株500円だった可能性もあると考えられます。

　株式の譲渡益は，譲渡収入から取得費や譲渡に要した経費を控除した残額です。譲渡益に対して所得税15.315％，住民税5％が課せられます。譲渡益は譲渡申告の際，他の非上場会社株式の譲渡損と通算することもできます。

（注）　平成28年1月1日以後の譲渡からは，非上場株式の譲渡損益と上場株式の譲渡損益は通算できません。

3　購入側の税務

　乙株式の購入者である甥御さんは，時価が1株6,000円の株式を1株4,000円で取得することになりますので，1株当たり2,000円（6,000円－4,000円）の贈与をあなたから受けたことになります。つまり，200万円（2,000円×1,000株）の贈与をあなたから受けたとみなされます。

　甥御さんは，贈与を受けた年の翌年2月1日から3月15日の間に贈与税の申告をする必要があります。贈与を受けた年において甥御さんが他の贈与を受けていなければ，納付すべき贈与税額は，9万円です。

＜贈与税の計算式＞

　（200万円－110万円）×10％＝9万円

　次に，甥御さんにとっての乙株式1,000株の取得価額はいくらかということですが，支払った対価400万円とその取得に要した経費があればその金額を加算したものが取得価額となります。

7 経営に関与していない株主の売却ニーズ（価格交渉）

Q72

丙会社（非上場会社・譲渡制限付き）の株主構成は下の図のようになっています。もともとは私の父が創業した会社です。老人ホームに入る資金にしたいので，兄（B）か甥（C，D）に売却しようと思います。なるべく高い価格で売却したいのですが，何かよい策はないでしょうか。経営に全く関与していないので，いくらで買ってくれるか見当もつきません。

株主	株数	持株比率	役職	関係
A	20,000	20%	会社とは無関係	私
B	70,000	70%	代表取締役	私の兄
C	5,000	5%	専務取締役	Bの長男
D	5,000	5%	会社とは無関係	Bの二男
計	100,000	100%		

Point

- 売却目的は正確に伝え，売却先はBに相談の上決める。
- 財務諸表等を入手し，会社の価値を把握する。
- 株価算定を丙会社に依頼する。

A 1 交渉相手

丙会社の代表取締役はBさんです。株主構成と役員構成から，Bさんが会社の実権を握っているのは明白なので，丙株式を売却したいとの相談はBさんに持ちかけるのが妥当だと思われます。もしかしたら，Bさんも事業承継を考え，あなたが持っている株式をどうにかしたいと考えているかもしれません。ただ

し，Bさんに株式の売却を相談した際に，Bさんがあまり乗り気でなかった場合はちょっと厄介です。価格交渉どころか売却そのものができないかもしれません。Bさんが乗り気でない場合は，Cさんに相談してみるのも一つの方法でしょう。Cさんは丙会社の専務取締役であり，Bさんの後継者と推定できますので，Cさんの方が事業承継を考えているかもしれません。

　このケースでは株主構成も役員構成も単純なので交渉相手が簡単に決まりますが，実務ではそんなに単純でない場合が多々ありますので，株主構成と役員構成を把握し，吟味した上で交渉相手を決めた方がよいでしょう。株主であれば株主名簿の閲覧はできますので，会社に株主名簿の閲覧を請求すれば株主の把握はできます（会社法122）。役員構成は，会社から送付されてくる事業報告書に記載されていますが，事業報告書を株主に送付していない会社があるかもしれません。その際は，会社の登記事項証明書を閲覧すれば登記上の役員の把握はできます。登記事項証明書では，誰に代表権があるかということと役員は誰かということは分かります。

　Bさんへの相談の際，老人ホームに入居するためということは伝えた方がよろしいでしょう。売却理由はBさんも知りたいでしょうし，心情的にも老人ホームの入居金となればなんとかしてやりたいと思われるかもしれません。あなたにとっての目的は丙株式の売却なので，売却先もBさんの希望に従った方が，交渉がスムーズに進むと考えられます。非上場株式の親族間売買はデリケートな問題が含まれますので，今後のBさん一家との親戚づきあいも考慮の上進める必要があります。

2　会社価値の把握

　あなたは丙会社の株式を20％所有していますので，会社の貸借対照表・損益計算書・株主資本等変動計算書・勘定科目内訳表（以下「財務諸表等」といいます）の閲覧をすることができます。財務諸表等に慣れていないと数字の意味することは分からないでしょうから，専門家に相談されることをお勧めします。財務諸表等を見れば税理士等の会計の専門家であれば会社のある程度の価値は分かります。できれば，税務申告書一式も入手できればさらに詳しい情報が分かります。相続税法における非上場会社の株式評価のもととなる会社の帳簿価

図表７－７　非上場株式評価の必要資料

①	課税時期直前期以前３期分の財務諸表等
②	課税時期直前期以前３期分の法人税の申告書一式
③	会社所有の土地（借地を含む）及び建物について (イ)土地の公図又は実測図 (ロ)住宅地図 (ハ)登記事項証明書 (ニ)固定資産税の納税通知書　　　等
④	課税時期直前期末の従業員数が分かる資料

　（注）　会社の資産内容によっては，上記以外にも必要資料が発生する。

額は税務上の帳簿価額ですので，法人税申告書別表五㊀を見ないことには正しい帳簿価額は分かりません。図表７－７に掲げる書類が揃えば，税理士等の専門家であれば株式評価をすることができます。

　財務諸表等を入手しづらい場合は，会社から決算ごとに「事業報告書」が送付されてきているのであれば，事業報告書に書かれた内容である程度の価値は分かります。毎期株主総会を会社法どおりに開催している会社であれば事業報告書は作成していますが，非上場会社の場合，会社法を遵守していないケースも見受けられますので作成していない場合もあります。

　少しでも高く買ってほしいと願うのであれば，会社価値を把握した上で交渉に臨まれるのがよろしいでしょう。

3　丙会社へ株価算定の依頼

　株価算定のための必要書類は全て丙会社が持っています。株式の時価は購入する側も把握する必要があります。個人間取引の場合，時価と売買代金との間に差額があれば，贈与の問題が発生する可能性があります。Ｂさんがあなたの株式売却に賛成であれば，Ｂさんに株式売却の相談を持ちかけた時点で，Ｂさんは丙会社の代表取締役として株価算定を税理士等の専門家に依頼すると考えられます。株価算定の結果は，できれば株式評価明細書一式をもらった方がよいでしょう。専門家によって評価額が異なることがありますので，あなたが依頼した専門家に相談する際にその書類一式を見せた方がよりよいアドバイスをもらえると考えられます。特に，資産の中に土地や借地権が含まれている場合は，妥当な評価がされているか注意する必要があります。

8 株式の交換

Q73

　私（A）と弟（B）は次頁の図のように甲会社（非上場会社・譲渡制限付き），乙会社（非上場会社・譲渡制限付き）の株式を所有しています。お互い年をとったので，将来を考えて私が甲会社を単独で，弟が乙会社を単独で所有するようにしたいと考えています。金銭の授受なく，お互いの持分を交換する形式で行うつもりです。具体的にどのように進めていったらよいかということと税務上の注意点を教えてください。

Point

- 契約書を作成する。
- 譲渡制限株式のため，取締役会（又は株主総会）の承認手続きをとる。
- Aさんは B さんに乙株式5,000株を1,500万円で譲渡したことになる。
- B さんは A さんに甲株式5,000株を1,500万円で譲渡したことになる。
- 低額譲受けとして，A さんに贈与税が課税される可能性がある。

A　1　契約書作成

　AさんとBさんとの間で，口頭で決まっていることを確実とするために株式交換契約書を作成します。お互いの所有する株式を交換するといっても，その行為は，Aさん（売主）からBさん（買主）への乙株式5,000株の譲渡，Bさん（売主）からAさん（買主）への甲株式5,000株の譲渡です。そして代金の

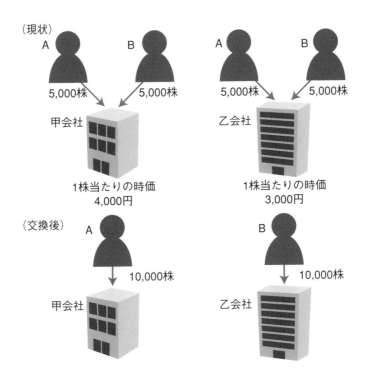

授受については相殺しているということです。

2　譲渡承認手続き

譲渡制限が付いた株式を譲渡する場合には,「譲渡承認申請書」を取締役会
(又は株主総会)に提出し,承認を受けなくてはなりません。

3　Aさんの税務

交換の場合も税務上は譲渡の取扱いとなります。Aさんは,1株3,000円の
乙株式を5,000株譲渡し,1株4,000円の甲株式5,000株を取得します。

譲渡収入は1,500万円(3,000円×5,000株)として計算します。譲渡益については,所得税15.315%,住民税5%が課税されます。

2,000万円(4,000円×5,000株)相当額の甲株式の取得については低額譲受けと考えられます。相続税法7条の規定が適用されるには「著しく低い価額の

（契約書例）

交換契約書

第1条（交換契約の成立）

　　A（以下「甲」という）と，B（以下「乙」という）は，甲が所有する下記
(1)の株式と乙が所有する下記(2)の株式とを交換する。

記

(1)

　　　　商号
　　　　本店所在地
　　　　代表取締役
　　　　株式数

(2)

　　　　商号
　　　　本店所在地
　　　　代表取締役
　　　　株式数

2　前項の交換は，甲乙両者間において金銭その他の授受は行わない。

　　上記のとおり交換契約が成立したことの証として，本契約書2通を作成し，甲
乙が署名押印のうえ，各1通を保有する。

令和○年○月○日

　　　　　　　　　甲
　　　　　　　　　　住所
　　　　　　　　　　氏名

　　　　　　　　　乙
　　　　　　　　　　住所
　　　　　　　　　　氏名

対価で財産の譲渡を受けた場合」に該当するかどうかが問題となるわけですが，相続税法上は，判定基準は定められていません。個々の事例ごとに社会通念上どうなのか判断します。このケースは兄弟間取引であるため特殊関係者間の取引となり，第三者間の取引とは区別して考えなくてはなりません。2,000万円の株式を1,500万円で譲り受けたわけですから，低額譲受けに該当すると考えるのが妥当でしょう。つまり，Aさんは，差額の500万円をBさんから贈与されたことになり，500万円については，贈与税の申告が必要と考えられます。

　また，Aさんの甲株式5,000株の取得価額は1,500万円となります。

4　Bさんの税務

　Bさんは，1株4,000円の甲株式を5,000株譲渡し，対価として1株3,000円の乙株式5,000株を取得します。

　譲渡収入は1,500万円（3,000円×5,000株）となります。譲渡益については，所得税15.315％，住民税5％が課税されます。

　また，Bさんの乙株式5,000株の取得価額は1,500万円となります。

5　留　意　点

　このケースでは，低額譲受けという判断をしましたが，実務上は低額譲受けに該当するかどうかの判断はとても難しいものです。非上場株式の時価の算定にはいろいろな方法がありますので，時価算定に当たっては，多方面から検討する必要があると考えられます。

Q74

　私は長年医療法人を経営してきましたが，高齢のため引退することにしました。子どもがいないので閉院しようと思っていたところ，大学病院で医師をしている甥が医療法人を継いでくれることになりました。

　引退に伴って出資持分を甥に譲渡することにしたので，出資持分の評価をしてみたところ，私が出資した1,000万円分の出資持分の相続税評価額は3,000万円になっていました。

　しかし，甥の経済的負担を考え，譲渡価額は1,500万円とするつもりです。今回の出資持分の譲渡について，注意すべきことがあれば教えてください。

Point

- 医療法人の出資持分の譲渡が可能かどうかについて，医療法等には規定がなく明確ではないが，「社員間における譲渡は定款に反しない限り許される」とする判例がある。譲渡が無効とされないためには，あらかじめ甥が医療法人に入社して社員に就任した後に出資持分を譲渡するのが望ましい。
- 低額譲渡に該当するため，甥に贈与税が課税される。

A　1　医療法人の出資持分を譲渡することの可否と手続き

　医療法人の出資持分の譲渡が可能かどうかについては，医療法等の法令に規定がなく，明確ではありません。しかし，「社員間における譲渡は定款に反し

図表7－8　株式会社の株主と医療法人の社員の違い

株式会社の株主	医療法人の社員
株主になるには，財産の出資が必要。	財産の出資をしていなくても，社員になれる。
株主総会での承認がなくても，株主になれる。ただし，譲渡制限会社の場合，取締役会等の承認が必要。	社員総会での承認がなければ，社員に就任できない。
議決権の数は，株式数に応じて決まる。	出資した金額（すなわち出資口数）にかかわらず，社員1人につき1議決権。

ない限り許される」とする判例がありますので，買手である甥御さんが出資持分の譲渡契約前に社員になっておけば，定款に反しない限り，その出資持分の譲渡は有効であると判断されるものと考えます。したがって，出資持分の譲渡をする前に，甥御さんを社員に就任させることが望ましいでしょう。

　医療法人の社員は，いわゆる従業員ではなく，株式会社でいえば株主に当たる存在です。社団医療法人においては，社員総会が最高意思決定機関であり，社員がその議決権を有します。社員は社員総会において役員（医療法人においては，理事といいます）を選任して，役員に法人の業務を委任します。一方，役員は法人の業務を執行し，社員（株式会社における株主）に対して責任を負います。株式会社の株主と医療法人の社員は類似する点もありますが，図表7－8のような違いがあります。

　したがって，甥御さんが社員に就任するためには，社員総会を開催し，社員総会で甥御さんの社員就任を承認する必要があります。

　なお，社員に就任する際に社員総会の承認が必要であるのと同様に，社員を退任する際にも社員総会の承認が必要です。甥御さんに出資持分を譲渡したからといっても，あなたが自動的に社員の地位を失うわけではありませんので，注意してください。

2　医療法人の出資持分の譲渡価額と課税関係

　医療法人の出資持分を譲渡する場合の課税関係は，一般の非上場会社の株式を譲渡した場合と同じです。

(1)　あなた（売主）の課税関係

　出資持分の譲渡益に対して所得税・住民税が課税されます。税率は20.315％（所得税15.315％，住民税5％）です。

＜所得税・住民税の計算＞

　（譲渡価額1,500万円－取得費1,000万円）×20.315％＝1,015,700円

(2)　甥御さん（買主）の課税関係

　個人から出資持分を購入した場合において，対価の額が時価と比べて著しく低いときは，対価の額と時価との差額に相当する金額が贈与されたものとみなされ，買主に対して贈与税が課税されます。

　今回のケースは，対価の額と時価との差額は1,500万円ですので，甥御さんは1,500万円の贈与を受けたものとみなされ,450.5万円の贈与税が課税されます。

＜贈与税の計算＞

　（1,500万円－110万円）×45％－175万円＝450.5万円

3　その他の留意点

　医療法人が役員変更や定款変更を行う場合には，都道府県知事（又は厚生労働大臣）に対する行政手続きが必要になります。役員変更の場合は，変更後遅滞なく役員変更届を提出すれば足りますが，医療法人の名称や所在地を変更する等，定款変更が必要になる場合は，あらかじめ都道府県知事に対して認可申請をしなければなりません。定款変更認可の手続きは数か月かかる場合もありますので，充分に余裕を持ったスケジュールで進めるようにしてください。

　なお，平成19年4月1日施行の医療法改正により，その後に設立された医療法人には，持分の定めがありません。したがって，平成19年4月1日以降に新設された医療法人について，持分の譲渡をすることはありません。

第8章

未上場会社
株式の譲渡

未上場会社の株式を保有する株主の地位

Q75

　私は甲会社の株式（未上場会社・譲渡制限付き）を400株（議決権割合で４％）保有しています。この株式は私の父が勤務していた会社の株式で，会社の資金繰りが苦しかったときに当時の社長に懇請されて父が出資したと聞いています。父は３年前に死亡し，私はこの株式を相続しましたが，配当もほとんどなく，保有していても仕方がないように思います。私は株主として何ができるのでしょうか。

Point

- 未上場会社の株式を保有する株主は，主として，株主総会における議決権，剰余金の配当を受ける権利，資料開示に関する権利を持っている。
- 一定の場合には，会社に対する株式買取請求権が発生するが，常に認められるわけではない。

A　1　未上場会社の株式を保有する株主の地位

　まず，未上場会社の株式を保有する株主は，株式を発行する会社に対してどのような権利を持っているのでしょうか。

　株主が会社に対して有する権利は細かなものも含めると多くありますが，主なものは，①株主総会における議決権，②剰余金の配当を受ける権利，③資料開示に関する権利です。また，一定の場合には，会社に対し，④株式を買い取ってもらう権利（株式買取請求権）も発生します。

232

2　株主総会における議決権

　株主総会における議決権は，株主として最も基本的な権利です。株主は，定款の変更，役員の選解任，役員の報酬，剰余金の配当，組織再編等の会社の基本的事項を決定する場である株主総会において，議決権を行使することができます（会社法105①三）。

　しかし，実際には株主であっても，株主総会における意思決定に影響を及ぼせるとは限りません。株主総会は多数決で結論が決まる会議であるため，出席株主の多数を握っている支配株主（または支配株主グループ）がいる場合，支配株主以外の株主がその意思決定に影響を与えることは容易ではありません。

　本ケースも，あなたは4％の議決権を有するに過ぎないので，例えば甲会社でXグループとYグループが拮抗しており，あなたの4％の議決権の行方によってどちらが過半数を握るか決まる，というような例外的な場合でない限り，株主権としての議決権の重要性はあまり大きくないでしょう。

　もっとも，仮に甲社が株主総会を実際に開催していない場合は（中小企業では株主総会を実際に開催せずに株主総会議事録のみを作成することは残念ながらよく見られます），株主総会の開催を要求して，経営陣に会社の適正な運営を要求することは可能ですし（会社法297），株主総会が開催される場合には，株主提案権を行使し，自らの希望する議題や議案を提出することが可能です（会社法303，304）。また，株主総会では，議題に関連し，質問を行うことができますので，経営方針等について質問することで，会社の経営をチェックすることができます（会社法314）。

3　剰余金の配当を受ける権利

　株主にとって，議決権と並ぶ基本的な権利は，剰余金の配当を受ける権利です（会社法453）。株主総会で剰余金の配当を行う旨決議された場合には，株主は剰余金の配当を受け取ることができます。会社の経営が順調であり，経営陣が配当を一定額以上行う経営方針を持っている場合には，株主は毎年株主総会の時期に配当を受け取ることができるので，それを楽しみにする株主も多くいます。

　もっとも，会社法上，剰余金の配当は，分配可能額の範囲内で行わなければ

なりません。すなわち，債務超過の場合など，会社の剰余金が乏しい場合には，剰余金の配当を行うことができません。また，未上場会社では，剰余金が十分確保されているにもかかわらず，配当を行わない，又は配当を非常に少ない金額でしか行わない方針の会社も多く見られるところです。そのため，未上場会社の株主で，配当を毎年きちんと受け取ることができる株主は多くありません。実際のところ，剰余金の配当を受ける権利も多くの未上場会社では重視されていません。本ケースでも，配当がほとんどされていないのであり，あなたが甲会社株式を保有し続けることのメリットは大きくないといえます。

4　資料開示に関する権利

　さらに，株主には，会社の経営を監督する手段として，会社に対して，一定の資料開示請求権が認められています。定款（会社法31），株主名簿（会社法125），株主総会議事録（会社法318）等の会社経営に関する基本的な書類の閲覧及び謄写が認められています。経営に関与していない株主は，会社側の情報は非常に少ないことが多いので，会社に対して積極的に情報開示を求めることが有効です。

　また，株主にとって重要な会計帳簿の閲覧請求権は総株主の議決権の3％以上の株主にしか認められていません（会社法433）。株主に閲覧が認められる会計帳簿の範囲には諸説ありますが，一般的には総勘定元帳や仕訳帳等の計算書類の作成の基礎となる帳簿やこれらを実質的に補充する資料（伝票等）をいい，法人税の確定申告書や勘定科目内訳書等の税務署に提出するために作成された資料は含まれないと考えられています。これに対し，毎年の計算書類（貸借対照表，損益計算書，株主資本等変動計算書，個別注記表を指します。）は，全ての株主に閲覧する権利が認められています（会社法442）。

5　株式買取請求権

　また，一定の場合には，株主が保有する株式を，会社に対して公正な価格で買い取ることを求めることができます。もっとも，この株式買取請求権は常に認められるわけではなく，株主に会社に対する買取請求権が認められるのは以下の場合のみです。すなわち，これらの事由がない限りは，会社は株主が有す

る株式を買取る義務を負いません。また，以下の①から⑥のいずれの場合においても，株主総会において，反対の議決権行使を行うことが必要とされています。

図表8－1

株式買取請求権が認められる場合	条文
① 事業譲渡等をする場合	会社法469
② 合併，会社分割，株式交換，株式移転をする場合	会社法785，797，806
③ 株式の併合をする場合	会社法182の4
④ 株式に譲渡制限を付す場合	会社法116①一・二
⑤ 株式に全部取得条項を付す場合	会社法116①二
⑥ ある種類の株式の種類株主に損害を及ぼすおそれのある一定の行為を行う場合であって，種類株主総会の決議が定款で排除されている場合	会社法116①三

2 少数株主にとっての選択肢

Q76

私は甲会社の株式（未上場会社・譲渡制限付き）を400株（議決権割合で4％）保有しています。この株式は私の父が勤務していた会社の株式で，会社の資金繰りが苦しかったときに当時の社長に懇請されて父が出資したと聞いています。父は3年前に死亡し，私はこの株式を相続しましたが，配当もほとんどなく，保有していても仕方がないように思います。私は甲会社か，甲会社の議決権割合の過半数を握っている創業家の人に私の株式をできるだけ高値で買い取ってもらいたいと思います。どうしたらよいのでしょうか。

Point

- 未上場会社の株式をこのまま保有し続けて，配当を受領したり，高値で売却できる時を待つことも可能である。
- 株式の購入希望者を見つければ，購入希望者への売却か，会社または指定買取人への売却に持ち込むことができる。
- 会社に高値での買取りを持ちかけても，応じてくれない可能性が大きい。

A 1 株式を保有し続ける場合

　少数株主であるあなたが採用できる方法の一つは，甲会社の株式をそのまま持ち続け，甲会社の発展を見守ることです。甲会社が順調に経営を進めている会社であれば，今後配当を受け取ることを期待できますし，将来甲会社が上場した場合や第三者に株式を売却することになった場合には，その機会に乗じて

高値で株式を売却することができるかもしれません。

　また，甲会社が組織再編を行う予定である場合など，**Q75**で見たような株式買取請求権が発生するのを待つことも考えられます。

2　株式の購入希望者が見つかった場合

　また，あなたが甲会社株式の購入希望者を見つけることができれば，その者に譲渡する選択肢もあります。ただし，その場合，購入希望者への譲渡を実現するには，会社が購入希望者への譲渡を承認する必要があります。会社があなたの譲渡承認請求を拒否することもありますが，あなたにとって，購入希望者へ譲渡することよりも誰かに譲渡すること（すなわち未上場株式を現金化すること）が目的の場合には，会社に送付する株式譲渡承認請求書に，会社または会社が指定する者（以下「指定買取人」といいます）が株式を買い取ることを請求する旨の記載を忘れないようにしましょう。

　その記載をしておけば，仮に，甲会社が購入希望者への株式の譲渡を承認しなかった場合は，会社又は指定買取人は，その株式を購入する義務が生じます。その場合，あなたと会社側（会社又は指定買取人）とで株式の買取金額について協議で決定することになります。会社側との間で，買取金額について協議が成立しない場合には，価格決定手続きという裁判所の手続きが用意されています。価格決定手続きにおける株価においては，裁判所は少数株主の利益を保護する傾向にあるので，裁判所は会社側が主張する金額よりも比較的高額な金額を売買価格と決定する可能性があります（詳しくは**Q78**をご参照ください）。

　もっとも，譲渡制限付きの未上場会社の４％の株式を購入してくれる株主を探すのは容易なことではありません。仮に購入希望者がいたとしても，高額での売却は期待できないでしょう。

3　会社側との株式売却交渉

　未上場会社の中には，その発行する譲渡制限株式は額面や配当還元方式による評価額でしか買取りをしない旨決めている会社も多く存在します。そのため，あなたが甲会社に対し，株式の買取りを求めても，額面額でしか買取りをしないと回答されるかもしれません。配当が行われていない会社であれば，株式を

持っているメリットはほとんどないのですから，額面額で売却をするのも一つの考え方です。

　また，あなた自身で類似業種比準価額や，純資産価額法といった税務上の評価を算出して，会社側に対し，株式の価値が高いことをアピールして高値での買取りを求めることも可能です。もっとも，会社側にとって，少数株主の保有する株式を高値で買い取るメリットはほとんどないため，会社側がそれに応じる可能性は小さいでしょう。

3 未上場会社株式の譲渡承認請求が行われた場合の会社側の手続き

Q77

私が経営する甲会社（未上場会社・譲渡制限付き・取締役会設置会社）は，私が40年前に創業した会社で，今では売上30億円，従業員300人の会社となりました。ただ，会社の経営が苦しくなったときに，従業員や取引先から多くの出資者を募ったこともあり，株主が50名まで増えてしまっています。何とか私や私の家族を含めて50%以上の議決権割合は確保していますが，先日，４％の株式を保有する株主Ａから甲会社の同業他社であるＢ会社に株式を譲渡するので承認してほしいという内容の譲渡承認請求書が内容証明郵便で届きました。会社としては，どのように対応すればよいのでしょうか。

Point

- 甲会社は，譲渡承認請求を受けた日から２週間以内に，①Ｂ会社への譲渡を承認するか，又は，②Ｂ会社への譲渡を拒否するが，会社側（会社自身又は指定買取人）で一定程度の金額での買取りを行うかの選択を行い，それぞれの選択に応じた手続きを行わなければならない。

A 　1 　甲会社の対応

　株主Ａの譲渡承認請求を受け取った甲会社は，その請求を認めるかどうかを，２週間以内に決定し，株主Ａに通知しなければなりません（会社法139）。２週間以内に通知をしなかった場合には，株主Ａが請求したＢ会社への譲渡を

承認したとみなされてしまいます（会社法145）。

　譲渡を承認するか否かの決定機関は，原則として取締役会（取締役会を設置していない場合には株主総会）です。甲会社としては，速やかに譲渡の譲受人B会社の情報を収集し，B会社を株主として認めてよいか検討を開始すると共に，取締役会の招集手続きを行う必要があります。

2　譲渡を承認する場合の甲会社の手続き

　検討の結果，B会社による株式の取得を認めてよいとの結論に至った場合には，取締役会にて株式の譲渡を承認し，その旨を株主Aに通知します。その後，通常，株式を譲り受けたB会社と譲り渡したAの共同名義で株主名簿の名義書換請求が会社宛に届きます（会社法133②）。そのため，甲会社は，その請求に応じて，株主名簿を書き換える必要があります。

　甲会社が株券発行会社の場合には，株券の提示により，株式取得者が単独で株主名簿の名義書換えの請求を行うことができます（会社法施行規則22②）。その際に株券裏面に記載された株主の氏名を新たな株式取得者の氏名に書き換えることがあります。法律上の要求ではありませんが，株主名簿に現在誰が記載されているかを株券上も明らかにするため，株券に新たな株主の氏名を記載することは広く行われています。

3　譲渡を承認しない場合の甲会社の手続き
⑴　譲受人の決定

　株主Aは，譲渡承認請求に併せて，会社が譲渡承認をしない場合には会社又は指定買取人が株式を買い取るように請求することがあります（会社法138一ハ）。その場合，甲会社は，株主Aの譲渡承認請求に対し，譲渡承認をしない決定をしたことを株主に通知するだけでなく（会社法139），当該株式を会社又は指定買取人が買い取る旨の決定をしなくてはなりません（会社法140）。
⑵　会社による買取り

　甲会社が，株式を自ら買い取るためには，株主総会の特別決議による決定が必要です（会社法140，309）。なお，この決議においては，買取りを請求した株主Aは議決権を行使することはできません（会社法140）。

甲会社が株式を買い取る場合，自己株式の取得に当たることから財源規制がかかり，分配可能額を超えた額で買い取ることはできません（会社法155, 461）。ただし，特定の株主との合意による自己株取得の場合と異なり，他の株主に，自分も売主に追加するよう求めることができる権利が生じることはありません。

　したがって，甲会社は，会社自身で株式を買い取ることを決定した場合には，早急に株主総会を開催し，株式の買取りを承認した上で，株主Aに対し，会社が株式を買い取る決定をしたこと及び買い取る株式の数を通知する必要があります。これを譲渡承認をしない旨の通知をした日から40日以内に行う必要があります（会社法141, 145）。株主総会を開催するために必要な取締役会の招集や株主総会の招集通知の送付等の期間をも加味すると，早急に準備を開始する必要があります。また，Aへの通知に際しては，1株当たり純資産額に買い取る対象株式の数を掛けた額（＝簿価純資産額に譲渡承認請求された株式の割合を掛けた額）を供託し，供託を証明する書面を株主Aに交付する必要があります（会社法141）。この通知・書面の交付を怠った場合，当初の譲渡承認請求が翻って承認されたとみなされてしまうので，注意が必要です（会社法145）。

　なお，会社が株券発行会社であった場合，会社から供託を証する書面の交付を受けた株主Aは，交付を受けた日から1週間以内に，対象株式の株券を甲会社の本店所在地の供託所に届け出なければなりません。期限内に株主Aの供託がなかった場合には，甲会社は売買契約を解除することができます（会社法141）。

⑶　買取人の指定

　甲会社自身で買い取るのではなく，指定買取人による買取りを選択する場合には，甲会社は，取締役会の決議により指定買取人を指定します（会社法140）。買取人として通常指定されることが多いのは，支配株主やその親族，あるいは支配株主の保有する資産管理会社です。

　指定買取人に指定された者は，株主Aに対し，買取人として指定を受けたこと及び買い取る株式の数を通知する必要があります。通知の期間制限は，譲渡承認をしない旨の通知をした日から10日以内です（会社法145）。会社による買取りの場合よりも期間制限が短く，10日以内とされていることに留意すべきです。なお，通知の際に一定額を供託し，その供託を証明する書面を当該株主に

送る必要があることは，会社による買取りの場合と同様です（会社法142）。

また，株券発行会社である場合の株券の供託についても，会社による買取りの場合と同様に扱われます（会社法142）。

⑷　その後の手続き

甲会社又は指定買取人からAに対し通知した後は，甲会社（又は指定買取人）は株主Aとの協議により株式の価格を決定します。株主Aとの協議が整わない場合には，通知の日から20日以内に，甲会社又は株主Aが，裁判所に対して売買価格の決定の申立てをしなければなりません。協議で定まらず，裁判所への申立てもされなかった場合には，一株当たりの純資産に対象株式の数を掛けた価格が売買価格となってしまいますので（会社法144），高い金額が売買価格となることを避けるために，甲会社は自ら価格決定の申立てを行う必要があります。

⑸　ま　と　め

譲渡承認請求を受けた会社側のスケジュールは，上述のとおり，かなりタイトなため，早急に方針を決定した上で，法律上必要な手続きを進めていく必要があります（図表8－2参照）。会社法上は，譲渡承認請求を受けた会社は，譲渡承認請求を受けた日から2週間以内に，①購入希望者への譲渡を承認するか，又は，②購入希望者への譲渡を拒否するが，会社側（会社自身又は指定買取人）で一定程度の金額での買取りを行うかの選択を行い，それぞれの選択に応じた手続きを行わなければなりません。

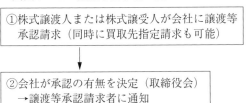

図表8−2　譲渡承認手続の流れ

①株式譲渡人または株式譲受人が会社に譲渡等
　承認請求（同時に買取先指定請求も可能）

②会社が承認の有無を決定（取締役会）
　→譲渡等承認請求者に通知

会社が譲渡を承認したか　　　　　　　　　　　　　　　　　　YES

　　　　　NO

２週間以内に承認拒絶の通知　　　　みなし承認　　　　NO
をしたか

　　　　　YES

譲渡等承認請求者は買取先指　　　NO
定請求をしていたか　　　　　　　　　→　手続終了

　　　　　YES

③会社は対象株式の買取先を決定

会社による買取　　　　　　　　　　買取人を指定
・特別決議　　　　　　　　　　　　・株式総会または取締役会
・会社から譲渡等承認請求者　　　　・指定買取人から譲渡等承認
　に通知　　　　　　　　　　　　　　請求者に通知

10日以内に指定買取人が買取りの
通知をしたか

　　　　　NO

　　　　　　40日以内に会社が買取りの　　　NO
　　　　　　通知をしたか

YES　　　　　YES

④会社または指定買取人と譲渡等承認　　　　株式譲渡は会社に対しても有効と
　請求者間で売買契約成立　　　　　　　　　なる

4 価格決定手続き

Q78

　私が経営する甲会社（未上場会社・譲渡制限つき・取締役会設置会社）は，私が40年前に創業した会社で，今では売上30億円，従業員300人の会社となりました。先日，株主Ａ（持株割合４％）からＢ会社へ株式全部を譲渡したいという譲渡承認請求がありました。しかし，同業他社であるＢ会社に弊社の株式を持たせるわけにはいかないので，譲渡承認を拒否しました。株主Ａとはその後，株式の買取価格について協議を行ったのですが，株主Ａとの間で折り合いがつきませんでした。すると，株主Ａから価格決定の申立てがなされたとのことで裁判所から書類が届きました。価格決定手続きとはどのような手続きなのでしょうか。また，価格決定手続きになった場合，弊社の株式はどんな評価方法で評価されるのでしょうか。

Point

- 価格決定手続とは，株主と会社の双方の主張を踏まえ，裁判所が会社の株式の価格を決定する手続きである。

- 未上場会社の株式の評価方法は，譲渡承認請求があった株式の発行済株式数に占める割合，当該株主の経営への影響力の有無，事業内容，清算予定の有無，会社が保有する資産の内容，類似する上場会社の有無等の会社の属性や個別事情を考慮して，決定される。

- 少数株主が保有する株式は，配当還元法による評価を基に，他の評価方法が一定割合加味された金額となる可能性が高い。

1　価格決定手続きの概要

　甲会社が株主Ａからの譲渡承認請求を拒否し，かつ，株主Ａが誰かへの譲渡を希望していた場合には，甲会社又は指定買取人が当該株式を買い取る義務が生じます。甲会社（又は指定買取人）が株主Ａと売買価格について協議して，売買価格について合意が成立すればいいのですが，必ずしも合意が成立するとは限りません。その場合，甲会社（又は指定買取人）又は株主Ａが裁判所に対し価格決定手続きを申し立てることができます。

　本ケースの価格決定手続きにおいては，株主Ａと甲会社の双方が当該株式の適正な価格を主張した上で，価格算定の根拠を提出します。それに対し，第三者である裁判所が，場合によっては専門委員を活用しつつ，提出された算定根拠等を踏まえ当該株式の売買価格を決定します。裁判所による鑑定が行われることもありますが，鑑定費用が高額になるため，申し出る際には注意が必要です。

2　価格決定手続きにおいて採用される株価

　価格決定手続きをはじめとして，裁判所が未上場会社の株価について評価を示す場合，税務上の株価の評価方法（財産評価基本通達に基づく評価方法）を採用することはまずありません。近年では，対象会社の属性や個別事情等を考慮して，図表8−3の評価方法を複数採用し，評価結果の加重平均を行って評価することが多くなっています。

3　類型ごとの傾向

　近年の裁判例は，未上場会社の株式の評価につき，譲渡承認請求があった株式の発行済株式数に占める割合，当該株主の経営への影響力の有無，事業内容，清算予定の有無，会社が保有する資産の内容，類似する上場会社の有無等の事情を考慮して，事案ごとに複数の評価方法を採用し，事案に応じた加重割合を用いています。その際，それぞれの評価方法の特質を踏まえ，適切な評価方法が選択されています。

　例えば，対象となっている株式の議決権割合が過半数に近いような事案では，DCF法や時価純資産法が重視されます（議決権割合47％の株式についてDCF

図表 8 - 3

分類	評価方法	説　　明
インカム・アプローチ	DCF 法（フリー・キャッシュ・フロー法）	対象会社が将来獲得することが期待されるフリー・キャッシュ・フローを基に株式評価を行う方法
	配当還元法	株主が将来受け取ることが期待される配当金に基づいて株式評価を行う方法
	収益還元法	対象会社が将来獲得することが期待される利益を基に株式評価を行う方法
マーケット・アプローチ	市場株価法	証券取引所や店頭登録市場に上場している会社の市場価格を基準に評価する方法
	類似上場会社法	上場会社の市場株価と比較して対象会社の株式評価を行う方法
	類似取引法	類似の M&A 取引の売買価格と対象会社の財務諸表数値に関する情報に基づいて計算する方法
ネット・アセット・アプローチ	簿価純資産法	会計上の純資産価額に基づいて 1 株当たりの純資産額を計算する方法
	時価純資産法	貸借対照表の資産負債を時価で評価し直して純資産額を算出し，1 株当たりの時価純資産額をもって株式評価を行う方法

法：時価純資産法＝ 3 ： 7 とした福岡高裁平成21年 5 月15日決定等）。この場合には，当該株式は会社の経営支配権または会社資産に対する支配権の獲得を目的とする者の立場で株式を評価するべきと考えられるためです。

これに対して，持株割合が 5 ％を切るケースのように少数株主の保有する株式の場合には，配当還元法が重視されます（0.16％の株式について，配当還元法：時価純資産価額法＝ 7 ： 3 とした東京高裁平成 2 年 6 月15日決定，0.06％の株式について配当還元法を採用した大阪地裁平成27年 7 月16日決定等）。少数株主は，経営に影響力を与えることができず，配当請求権のみを期待せざるを得ない立場にあるためです。

市場株価法や類似上場会社法が採用された裁判例は見当たりませんが，対象となった未上場会社で，上場会社に類似する事業内容・規模等の会社が存在しなかったにすぎず，一概に市場株価法や類似上場会社法の適用を否定するのは

適切ではないでしょう。

　株主Ａが有する株式について，いくらと評価されるかは甲会社の事業内容等によって大きく左右されますが，４％の議決権割合しかないことから考えると，配当還元法が相当程度考慮された評価になる可能性が高いでしょう。もっとも，判例を考慮すると，配当還元法以外の評価も考慮されて，いわゆる額面額や財産評価基本通達に基づく配当還元法による評価よりは高くなることを覚悟せざるを得ません。

5 経営者が株式買取を持ちかける場合 （株主と合意できない場合）

Q79

私は，乙会社を経営していますが，会社の方針に
いつも反対する株主Aの株式を買い取りたいと思っ
ています。Aは私の叔父なので，一度Aに対し，株
式の買取りの話を持ちかけたことがありましたが，
絶対に売らないと拒否されてしまいました。強制的
にAから株式を取り上げる方法はないのでしょうか。
乙会社は，発行済株式数が10,000株，株主構成は代
表取締役の私が7,000株（70%），私の妻が2,500株
（25%），私の長男が200株（2%），株主Aが300株
（3%）を保有しています。

> **Point**
>
> - 株主一人で議決権割合90%以上を占める場合には，特別支配株
>   主の株式等売渡請求制度を用いて，強制的にAから株式を取り
>   上げることができる。
> - 議決権割合が90%に満たない場合でも，議決権割合の3分の2
>   以上を占める場合には，株式併合や全部取得条項付種類株式を
>   用いる方法で，Aの株式を取り上げることができる。

A 1 強制的に少数株主が保有する株式を取り上げる方法

Q75で見たように，株主は会社の経営に対し，一定程度関与する権限を有
しています。本ケースのように会社の方針にいつも反対する少数株主がいる場
合，株主総会で反対意見を述べたり，不必要に詳細な点まで経営に口出しして
くるなど，経営陣としては，わずらわしいと感じることも少なくないでしょう。

また，後継者への事業承継を円滑に進めるために，少数株主からはすべて株式を集約しておきたいというニーズも多く存在します。さらにいえば，株主は取締役に対し株主代表訴訟を提起することが可能ですので，株主から代表訴訟を提起されるリスクを軽減したいというニーズも根強いものがあります。

　そのような場合には，当該株主と交渉して株式を買い取る方法や，自己株式取得の手続を行い，株式を会社に売却したい株主を募る方法を検討することになります。しかし，当該株主が自主的に株式を売却する意思を示さない場合には，①特別支配株主の株式等売渡請求や，②株式併合等による方法で少数株主の保有株式を取得する方法を検討することになります。①や②の手法は，一般に，スクイーズ・アウト又はキャッシュ・アウト（和訳すると「（少数株主の）締め出し」）と呼ばれています。

2　特別支配株主の株式等売渡請求による方法

　特別支配株主の株式等売渡請求制度は，平成26年の会社法改正により定められた制度で，㋐株式会社の総株主の議決権の90％以上を有する株主（特別支配株主）が，㋑他の株主の全員に対し，その有する株式の全部を売り渡すように請求することができる制度です（会社法179～179の10）。

　㋐の点に関して，原則として，一人の株主で90％以上を保有することが必要とされています。親族など意見を同じくする株主が合計90％以上いたとしても，一人で90％を保有していない場合には，この請求は認められません。

　したがって，本ケースでは，乙会社の最大株主であるあなたでさえ，70％の持株割合しか保有していませんので，特別支配株主の株式等売渡請求制度を用いることはできません。仮に，あなたがあなたの妻から保有株式全部を譲り受けて，90％の議決権要件を満たすことも可能ですが，株式譲渡に伴い多額の譲渡所得税（ないし贈与税）が課税される可能性もありますので，慎重な検討が必要です。もっとも，例えば，あなた自らが直接乙会社株式の70％を保有し，あなたが100％株式を保有する丙会社を通じて乙会社株式20％を保有する場合には，この要件をみたすとされています。

　次に，㋑の点については，他の株主の全員に対し，その有する株式の全部を対象として行うものなので，一部の株主のみからの売渡しや一部の株式のみの

売渡しを求めることはできません。

　実際に株式等売渡請求を行う場合には，特別支配株主が，会社に対し，売渡しの対価・取得日等を通知し，それを会社が承認することが必要となります。その後，会社から少数株主に対し所定の事項が通知され，特別支配株主は取得日に株式を取得することになります。また，事前及び事後の開示手続きも要求されています。

3　株式併合による方法

　上述した特別支配株主の株式等売渡請求の制度は，一人の株主が90％以上の議決権を保有する必要がある等の要件があるため，用いるのは容易ではありません。その場合には株式併合や全部取得条項付種類株式を利用したスクイーズ・アウトができないか検討することになります。なお，以下では実務上多く用いられている株式併合の方法を例にとって説明をします。

　本来株式併合は，発行済株式数10,000株を1,000株に変更するときのように，発行済株式数を減少させ，投資単位を調整する場合に用いられる制度ですが，少数株主から株式を取り上げる場合にも使われています（平成26年会社法改正により，制度上もスクイーズ・アウトに適合するように改正されました）。株式併合は，株主総会の特別決議により行うことができるため，乙会社でも株式併合の方法により，Aから乙会社の株式を取り上げることが可能になります。

　具体的には，発行済株式数1,000株を1株とする株式の併合を行います。すると，あなたは7株，あなたの妻は2.5株，Aは0.3株，あなたの長男は0.2株の株主となり，A及びあなたの息子の全株式，そしてあなたの妻の0.5株分が1株に満たない端数となり，これら端数について，会社が裁判所の許可を得た上で金銭で買い取ることになります。いずれにしても，Aの株式だけでなく，Aより持株数が少ないあなたの息子の株式まで対象となってしまう点には留意が必要です。

　株式併合の手続きとしては，取締役会による決定，株主総会特別決議による承認，事前及び事後の開示手続きが必要となります。

4　スクイーズ・アウトを行う場合に留意すべき点

　以上二つのスクイーズ・アウトの方法を見てきましたが，これらは株式の売却を承諾しない株主から株式を取り上げるには有効な方法であるものの，強制的に株式を取り上げる方法であるがゆえに，紛争化しやすいものです。したがって，手続きは法律どおり適正に行うことが必要不可欠です。

　また，少数株主が，特別支配株主や会社が決定した株式の対価に同意しない場合には，裁判所の手続きで争う途が残されています。その場合，会社や支配株主が思うような低い金額（額面や配当還元価額法による評価額）で決着する可能性は低く，それなりの対価を支払わなければならないケースも多くあります。価格決定手続には時間も費用（弁護士費用や鑑定費用）もかかりますので，強制的なスクイーズ・アウトの手法よりも，交渉によって買取りを求めることを優先させたほうが，適切な場合も多いでしょう。

編 著 者 紹 介

三宅　茂久 （税理士）

浅川　典子 （税理士）

渡邊真由美 （税理士）

執 筆 者 （五十音順）

大山　哲広 （税理士）

緒方加奈子 （税理士）

奥村　暁人 （弁護士）

河村　美佳 （税理士）

齋木　　航 （公認会計士）

平　秀 一 （税理士）

永見　綾子 （税理士）

西村　卓哉 （税理士）

野坂　直之 （税理士）

宮地　佑佳 （税理士）

森口　直樹 （公認会計士・税理士）

税理士法人 山田＆パートナーズ

〒100−0005
東京都千代田区丸の内１−８−１
丸の内トラストタワーＮ館８階（受付９階）
電話：03（6212）1660
URL：https：//www.yamada-partners.gr.jp/

・札幌事務所
〒060−0001
北海道札幌市中央区
北一条西４−２−２
札幌ノースプラザ８階
電話：011（223）1553

・盛岡事務所
〒020 0045
岩手県盛岡市盛岡駅西通２−９−１
マリオス19階
電話：019（903）8067

・仙台事務所
〒980−0021
宮城県仙台市青葉区中央１−２−３
仙台マークワン11階
電話：022（714）6760

・北関東事務所
〒330−0854
埼玉県さいたま市大宮区
桜木町１−７−５
ソニックシティビル15階
電話：048（631）2660

・横浜事務所
〒220−0004
神奈川県横浜市西区北幸１−４−１
横浜天理ビル４階
電話：045（411）5361

・新潟事務所
〒951−8068
新潟県新潟市中央区
上大川前通七番町1230−7
ストークビル鏡橋10階
電話：025（333）9794

・金沢事務所
　〒920－0856
　石川県金沢市昭和町16－1
　ヴィサージュ9階
　電話：076（234）1511

・京都事務所
　〒600－8009
　京都府京都市下京区
　四条通室町東入函谷鉾町101番地
　アーバンネット四条烏丸ビル5階
　電話：075（257）7673

・長野事務所（令和4年1月開設予定）
　〒380－0823
　長野県長野市南千歳1丁目12番地7
　新正和ビル3階
　電話：026（403）0138

・大阪事務所
　〒541－0044
　大阪府大阪市中央区
　伏見町4－1－1
　明治安田生命大阪御堂筋ビル12階
　電話：06（6202）5881

・静岡事務所
　〒420－0857
　静岡県静岡市葵区追手町1－6
　日本生命静岡ビル5階
　電話：054（205）3210

・神戸事務所
　〒650－0001
　兵庫県神戸市中央区
　加納町4丁目2番1号
　神戸三宮阪急ビル14階
　電話：078（330）5290

・名古屋事務所
　〒450－6641
　愛知県名古屋市中村区
　名駅1－1－3
　JRゲートタワー41階
　電話：052（569）0291

・広島事務所
　〒732－0057
　広島県広島市東区
　二葉の里3丁目5－7
　GRANODE（グラノード）広島6階
　電話：082（568）2100

・高松事務所
〒760−0017
香川県高松市番町１−６−１
高松 NK ビル14階
（旧住友生命高松ビル）
電話：087（823）3303

・南九州事務所
〒860−0047
熊本県熊本市西区春日３−15−60
JR 熊本白川ビル５F
電話：096（300）8870

・松山事務所
〒790−0005
愛媛県松山市花園町３番21号
朝日生命松山南堀端ビル６階
電話：089（913）6551

・海外拠点
シンガポール，中国（上海），ベトナム（ハノイ），アメリカ（ロサンゼルス・ニューヨーク）

・福岡事務所
〒812−0011
福岡県福岡市博多区
博多駅前１−13−１
九勧承天寺通りビル５F
電話：092（235）2780

弁護士法人　Y&P 法律事務所
〒100−0005
東京都千代田区丸の内１−８−１
丸の内トラストタワー N 館８階
（受付９階）
電話：03（6212）1663
URL：https：//www.yp-law.or.jp/

Q&A
親族・同族・株主間資産譲渡の法務と税務［四訂版］

令和 4 年 1 月10日　第 1 刷発行
令和 6 年 5 月31日　第 7 刷発行

編　著　税理士法人　山田＆パートナーズ

発　行　株式会社 **ぎょうせい**

〒136-8575　東京都江東区新木場 1 -18-11
URL：https://gyosei.jp

フリーコール　0120-953-431

ぎょうせい　お問い合わせ　検索　https://gyosei.jp/inquiry/

〈検印省略〉

印刷　ぎょうせいデジタル㈱　　　　　　　　©2022 Printed in Japan
＊乱丁・落丁本はお取り替えいたします

ISBN978-4-324-11082-9
(5108770-00-000)
〔略号：親族資産譲渡(四訂)〕